成功への扉が次々ひらく♡
ミラクルレッスン

ワークライフスタイリスト
宮本佳実 著

WAVE出版

「好きなことを、好きなときに、好きな場所で、好きなだけ」
そんなふうに生きたいと、ずっと思っていた。

それが可能な場所って、人生のどのステージなんだろう。
そんな世界は、とてつもなく遠い気がして。

でも私は、そのステージを見つけてみたくて、行ってみたくて、
とりあえず、目の前の小さな扉を開けてみることにした。

扉を開け進んでは、また現れる小さな扉を開ける。
ときには同時に二つの扉が現れることもある。

扉がなかなか現れなくて、
新しいステージに行かせてもらえないときもある。
扉を開けたら、次はどんなステージが待っているのかわからなくて、
開けるのをためらったことも、一度や二度じゃない。

いつかたどり着きたい、理想のステージに行ける大きな扉。
でも、今の私には、それがどこにあるのか、
どうやったらたどり着けるのか、
どんな形をしているのかさえ、わからない。

「本当にいつか、たどり着けるのかなぁ」
なんて、不安になる日も少なくない。

でもね、今はただ、目の前にあるこの小さな扉を、
自分のペースで開けていくの。
そうすれば、現れる扉が少しずつ大きくなって、
理想のステージにつながる扉も、どんどん近づいてくる。

じゃあ、どうやって、その理想の扉を見つけるの？

答えは簡単♡

人生に、ミラクルを起こせばいい。

人生にミラクルが起こるとき、人生のステージが変わっていく。
小さなミラクルをたくさん集めて、理想のステージに行ってみない？

ミラクルを集めながら、小さな扉を開け続けた私は、
もう、「理想のステージにつながる扉」を軽やかに開けられる。

はじめに

こんにちは、ワークライフスタイリストの宮本佳実です。私は「好きなことを、好きなときに、好きな場所で、好きなだけ」をコンセプトに、女性の新しい働き方・生き方（ワークライフスタイル）を発信しています。

みなさんは「もっと人生のステージをあげたい！」と、思ったりはしませんか？私はこれまで常々思ってきました。

今、私が立っているこのステージも、つい最近まで「早くあんなステージに行けたらいいのに」と、いつも夢見ているような場所でした。それを夢見出したのは約5年前、起業するときになんとなく「自分のライフスタイルが憧れられるような存在になって、本も出したい！」と思っていたのです。

でも、このステージにつながる扉は、なかなか現れてはくれませんでした。いつたどり着くのか、どこにあるのか……方向さえわからない理想のステージ。何度もあきらめそうになりましたが、その時々で目の前にある扉を一つひとつ開けていき、いろいろなステージを味わい尽くし、今私は、あのころ夢見ていたステージにやっとたどり着けた気がします。果てしなく遠く感じていたこのステージ。その前に小さな理想のステージをいくつもイメージして、目の前に現れる小さな扉を開け続け、階段を登ってきたような感じでしょうか。

ＯＬから司会者になったとき、パーソナルスタイリストとして起業したとき、スタッフを増やしたとき、大きなイベントを開催したとき、パートナーができたとき。数々の扉を開けて、今があります。その扉は少しずつ大きくなり、夢見ていた理想の扉が、ある日突然現れました。

大きなステージアップをするときは、私自身が「え、こんなことが起こるの!? ミラクル!!」という展開で物事が進んでいきました。そして、そんなミラクルの前には、決まって起こる法則のようなものがあったのです。

その法則をこれからみなさんにご紹介していきたいと思いますが、みなさんの人生に「ミラクル」は起こっていますか？　ここでいうミラクルとは**「自分の想像を超える、思ってもみないような展開」**のことです。

私は、前作の『可愛いままで年収１０００万円』でも書いたとおり、現在週休５日、実働は週約10時間。それで年収は1000万円を超えています。この状況、実は自分の中で「想像を超える、思ってもみなかった展開」でした。

ＯＬ時代や起業する前、まさか自分が年収1000万円を実現できるなんて到底信じられませんでしたし、もし実現できたとしても、そのときには恐ろしいほど忙しくなっているだろうと思い込んでいました。

ところがどうでしょう。今の私は自分の人生史上、最高に時間に余裕があります。前著では、そこに至るまでの具体的なお話や私が実践してきたこと、そしてそれを叶える方法を綴りました。今回は、これを実現するまでに起こった数々のミラクルの起こし方を、みなさんに届けたいと思います。

これを知れば、みなさんの人生にミラクルがたくさん起こりはじめるでしょう。そして、ご自身の想像を超える、思ってもみないような展開で夢を叶えられます。

そんなみなさんの未来を想像しながら、この本を書いていきたいと思います。なんだかとてもワクワクしている夏の昼下がり。

あふれる豊かさと理想の未来をあなたに♡

２０１５年８月

宮本 佳実

成功への扉が次々ひらく♡ミラクルレッスン　目次

第1章

決める ～あなたの人生は「決めた通り」になる～……13

第2章

安心する

第3章

満たされる ～これこそがミラクル最大のカギ！～……117

第4章 楽しむ

第5章
信じる
～「今の実力」より「未来を信じる力」～……215

装幀　豊原　二三夫（As 制作室）
カバー写真・スタイリング　BIBIKO（Studio Sparkle）
DTP　NOAH

第1章

決める

～あなたの人生は「決めた通り」になる～

理想のステージにつながる大きな扉――。
それは、あなた自身が
「自分の理想のステージ」を決めたとき、
少しずつ作られていく。

その扉は、
きっとすぐには形にならないし、
あなた自身も見つけることができない。
でもね、あなたが「そのステージに行く」と決めたとき、
確実に作られ始める。

まずは決めてみよう。
あなたが行きたい「人生のステージ」を！

朝時間を「好き」で満たせば人生が一変！

実は私、幼いころからずっと、自分の人生は「なんだか、パッとしないな」と思っていました。学生時代も成績が普通なら顔も普通、運動に至っては普通以下だったので、すごく可愛い人、頭のいい人、スポーツのできる人に憧れていました。

学生時代って、勉強や外見、運動神経の何かが秀でていないと、一目置かれませんよね。私は昔から作文を書くのが得意で、読書感想文などでは俄然張り切る子でしたが、そんな特技で脚光を浴びることはできません。

ＯＬ時代も特別評価されることもなく、「そつなく仕事をこなす人」という位置づけだったと思います。可もなく不可もなく、という感じです。

そんな「なんだかパッとしない」と思っていた人生が、みるみる上手くいくようになったのは、28歳で起業してからでした。私自身、それ以前よりも起業してからの自分のほうが好きですし、何より今の自分の人生が好きです。次々と良いことが起こるようになったし、とても楽しく毎日を過ごせています。

では、なぜ人生が楽しく上手くいくようになったのか。その理由は、自分に正直に生きられるようになったからだと思うのです。

人からの評価ではなく、自分が何を望んでいて、どんな人生を生きたいのかを基準に選択できるようになったから。

常に自分と向き合い、自分の思いに正直に生きてみる。そうすることで、人生がどんどん好転していきました。

「自分の好きなことを仕事にする」「好きな場所に住む」「好きな人に囲まれる」……そういった思いに正直に、自分を取り巻く環境を選んでいくのです。

自分の生活を、朝一番から「好きなことで満たす」ということも、人生をよい方向に向かわせていくための、とてもオススメのテクニックです。

1日は朝から始まります。そして、人生はそんなスタートの繰り返しです。その毎日のスタートを、ぜひ自分の「好き」を基準にして過ごしてみてください。たとえば、

✢おいしい紅茶をいれる
✢大好きなお店のパンを、お気に入りのお皿に載せてテーブルに並べる
✢バルコニーでヨガをする
✢家の植物に声をかけながら水をあげる

など、「明日の朝は、何をしよう」と考えるだけで、ワクワクしてきませんか？ 毎日そんなスタートをきっていれば、あなたの人生はどんどんよくなるはずです。

さあ、まずは明日の朝、どんな「好き」で過ごすのか、考えてみてください。

ぜひ、とっておきの「自分の朝」をイメージしてくださいね。

〃人生のグランドデザイン〃は自ら描く

「あの人が、もっとこうしてくれたらいいのに」

「彼がもっとやさしくしてくれたら、私も彼にやさしくするのに」

「まわりの人が変われれば、私も変われるのに……」

以前の私は、上手くいかないことがあると、こんなふうにまわりの人のせいにしていました。でもこれって、他人任せの人生ですよね。

ここで私がお伝えしたいのは、

自分の人生は、自分にしかデザインできない

ということです。

「〇〇さんに言われたからこうしたのに、上手くいかないじゃん！」

と、思うことがあったとします。でも、決めて行動したのは自分です。そう、「〇〇さんに言われたようにやってみよう」と、自分が決めているのです。

人生は、自分の選択の連続でできて上がっていきます。

自分が自分の未来を選び、つくっていくのです。

もちろんそこに、ほかの人のアドバイスや助言もあるでしょう。でも、決めて行動するのはあなた自身です。だから、もっともっと自分の人生に責任を持つことが大事。

自分の人生を選べる全特権を持っていることを誇りに思うこと。

そうすると、さらに人生が楽しくなるはずです♡

あなたはどんな選択をし、どんな人生を生きますか?

あなたの未来は無限大

普通の人には見えないものが見える友人、いわゆる「霊視ができる人」が、こんなことを言っていました。

「人の未来を見ていると、枝分かれのようになった何種類もの未来が見える」

友人は、その中から「この人は、これを選ぶといいだろう」と思う未来を、「こんな風になる可能性がありますよ」と言って伝えていると教えてくれました。

「運命は生まれたときから決まっている」とよく言われますが、そういった世界でも、**「自分の未来は、自分で選択できる」**ことになっているんだと、それを聞いたとき私は感動しました。

「今の私」にはたくさんの可能性があり、その中からどの道を選ぶのかは自分次第です。それによって明日の可能性が変わり、新しい選択肢が現れる。その中からまた自分で道を選択していく……人生はその繰り返しなのです。

今、自分がどんな選択をするかで、未来が確実に変わってくるのなら、ますます自分の人生に責任を持たなきゃ、と思いますよね。

そして同時に「自分の可能性は無限大なんだ」と思うと嬉しくもなります。

誰かの人生を生きるのではなく、自分の人生を生きることを誇りに思って、自分らしく選択していく。そうすると、自分らしい最高の未来へ歩いていけるのです♡

みなさんは、「お母さんに言われたから」とか「この道に行こうとすると、両親が心配するから」とか「こんなことしたら、世間になんて思われるかわからない」と他人の目を気にしたりしていませんか？

そんなふうに自分の人生をあきらめたようなふりをしていたら、「あの人のせいで、まわりのせいで、自分らしい選択ができなかった」と、ずっと後悔することになるかもしれません。

自分らしく生きられなかったことを、人のせいにすることほど悲しいことはないのです。そうならないためにも、自分らしくしっかりと道を選択して、素敵な毎日を送りましょう。

あなたが夢に描いている生活は、あなたの選択次第で、いとも簡単に実現するはずです。

「私のままで」が最大のカギ

私は、「私のまま」ということに、常にこだわってきました。ほかの誰かになるのではなく、「私のまま」で成功し、豊かになり、幸せでありたいと常に願ってきたのです。

それにはまず、私自身が何を求めているのかをはっきりさせることが大事でした。それがわかっていないと、「私のまま」の「私」の部分があやふやになってしまうからです。

そこで、**私が求める「幸せの形、豊かさの形、成功の形」**を書き出し、自分自身で認識できるようにしました。

ぜひあなたの「幸せ」「豊かさ」「成功」の形も考えてみてください。

例えばみなさんの中には、子どもをつくり、マイホームを建て、田舎で暮らすことが幸せの形という人もいるでしょう。また、都会のマンションで、仕事をバリバリしながら暮らしたいという人もいるはずです。

豊かさに関しても、軽井沢に別荘を持ち、都会との二重生活をしたいという人もいるでしょうし、ハワイで気ままに暮らしたいという人もいると思います。

仕事での成功についても、年商1億円を目指したいという人もいれば、家族との時間を大切にするために、月10万円ぐらいを好きなことで稼げればいいという人もいるでしょう。

すべては自分の自由です。何が正解で、何が不正解ということはありません。ただ一つ、「自分は何を求めているのか」、自分なりの正解を見つけることです。そこから、「私のまま」が始まります。

まだこの本は始まったばかりですが、まずはあなたの「私のまま」を考えてみましょう♡

あなたにとっての「幸せ」とはなんでしょうか？　ぜひ「自分基準」で考えてみてください。

働く、生きる、全て自分で「選び取る!」

私が、本やセミナーを通してみなさんに一番伝えたいことは、

自分の働き方・生き方は自分で選べる!

ということです。自分の人生は、自分自身がデザインできるものだと私は断言します。

私も、パーソナルスタイリストとして起業するとき、まわりの人たちから「大丈夫なの? そんなの仕事になるの?」とたくさん言われていました。私の始めようとしていた仕事は、クライアントの買い物についていき、コーディネートをアドバイスしながら似合う洋服を選ぶというものだったので、その仕事を初めて耳にした人は、とても心配してくれたのです。

そう言われると、自分でも「大丈夫かなぁ……ムリかも……」と、少し不安になったのですが、私は自分が信じる道を歩き始めました。

そこに欠かせなかったのが、「ビジョン」です。
私の言う「ビジョン」とは、「自分が望む最高の未来」です。

これを私は常に思い描き、そのたびにノートに書き留めていました。もちろん、思いつくたびなので、同じようなビジョンを何度も書くことになります。でも、それがいいのです。

何度も繰り返し書くことで、自分の中でビジョンがどんどん明確になっていきます。
そうやって、思いついたときにビジョンを書くクセをつけていると、自分の望む未来が、どんどんバージョンアップしていることに気づきます。

ビジョンは変わっていいのです。

自分自身は日々、いろいろなことを経験し、成長していきます。考えも変わっていくでしょう。それに合わせて、ビジョンをグレードアップしていくのは当たり前のことなのです。

私も、5年前の起業当初と今のビジョンを比べると、やはり今のほうが大きなビジョンを描いています。というより、起業当初に描いていたビジョンは、もうすでに叶っています。

働き方・生き方を選んでいくとき、自分が何を望んでいるのかは、とても重要です。

そのためにも、ビジョンをいつも楽しみながら思い描いてみてください。

その未来は、近い将来、あなた自身が叶えているのです。

モンモン期こそ「ワクワク」をチョイス！

私は20代前半のOL時代から、アメリカのTVドラマ・映画「セックス・アンド・

ザ・シティ」の大ファンでした。なかでもサラ・ジェシカ・パーカー演じる主人公キャリー・ブラッドショーが大好きで、キャリーの写真をコラージュし、「キャリーみたいに自立して、自由におしゃれに働きたい！」といつも妄想し、夢見ていました。

キャリーは、ニューヨークの新聞でコラムを連載するコラムニスト（ライター）で、いつも自分の部屋の窓際のテーブルか、近くにあるスターバックスにパソコンを持っていき執筆しているのです。会社には行かないので、仕事の合間の好きな時間にショッピングしたり、友人たちとブランチしたりしています。

「そんな生活、いつか私も実現できないかな……」若かりしころの私は、「今の自分には、それを実現する術はまったくわからないけれど、いつかキャリーのようになりたい」と、漠然と思っていました。文章を書くことが好きだったので、キャリーの職業である「ライターも素敵だな」なんて、勝手に憧れたりなんかして。

でも、私は単なる名古屋のＯＬ。毎日30分以上、満員電車に揺られて通勤し、お昼は会社の休憩室でコンビニのお弁当を食べたり、たまに同僚とランチに出かけたりという生活。本当にどこにでもいるＯＬで、「こんな毎日を過ごすのも、普通に幸せではあるけど……本当は私、何をしたいんだろう？　私にしかできないこと、何かしたい！」と、常にモンモンとしていました。

今思えば、この10年以上前のモンモン期があったからこそ、小さな扉を一つずつ開けながら、あのころ思い描いていたキャリーのような生活を築いてこられたのではないかと思います。


司会者になるとき、結婚するとき、パーソナルスタイリストとして起業するとき、スタッフを増やしてサロンを増やすとき、ワークライフスタイリスト一本でやっていくと決めたとき、本を出版するとき……人生の分岐点でそれぞれの扉が現れ、次のステージへと連れていってくれました。

それとともに毎日の生活も、理想としていた形にどんどん近づいていきました。一人暮らしで自由気ままに、好きな仕事を好きなときにして、楽しく暮らすということを実現し、その後パートナーが私の理想通りのマンションを用意してくれて、二人で暮らすようになりました。そして、自分がそれまで住んでいたマンションをオフィスにし、「私の時間」を過ごすスペースにしたのです。

そんな中、ふと、「オフィスをとびきり自分好みに改装しよう！」と思い立ちました。現在パートナーと住んでいるマンションの内装も、とても気に入ってはいるのですが、実は彼の好み。彼が建築家に細かいところまでお願いして、つくってもらいました。なので、内装やインテリアは黒ベース。どちらかというと、男性的でシンプルなデザインです。

でも、私はどちらかというと白とかストライプとか、「甘すぎないけど女性らしい」デザインが好き。そこで、オフィスの方は思いっきり自分の好きなように改装しようと思いついたら、無性にワクワクしてきました。

そのことをフェイスブックで呟いたら、みんなから「キャリーみたい！」というコメントをもらいました。そのとき、自分でも初めて「え……、本当じゃん！」と思ったのです。キャリーも結婚後、独身のときに一人で住んでいたマンションを改装して、自分の時間を過ごすスペースとして使っていました。知らず知らずのうちに、私はキャリーのような生活スタイルをしていたのです。

目の前のことを楽しみながら、自分が「楽しそう！」と思うことや、「いい!!」と感じるものを選択していくと、意識しなくても理想通りのものができ上がっていくのだと実感しました。

20代前半、満員電車の中でボーッと妄想していた「私の理想」は、毎日を真剣に楽しみ味わい、「自分らしさ」を選択していくことで、いつの間にか叶えられていました。

ぜひ、みなさんも「今は絶対に不可能！」と思っていることでも、「妄想族」になってイメージしてみてください。「こんなふうになったら、幸せだな〜」って、思わず顔がにやけちゃうくらいに。今は実現する手段や方法がわからなくても、**今を楽しんでいれば、絶対にいつか、その理想にたどり着きます。**

今日も明日もイヤな予定は一つも入れない

私が代表を務める「女性のためのスタイリングサロン　ビューティリア」の大阪のサロンには、衣笠環（通称たまちゃん）というスタッフがいます。先日、彼女と話していたときのことです。

「2年前、佳実さんと出会ったとき、『毎日、イヤな予定が何一つないことに感動する！』と言っている様子を見て、そんな世界で生きている人が本当におるんや〜って、思ってたんです。だけど今、私も、毎日イヤな予定が何もないんです。2年前、そんなこと、本当にあるのかなって思っていたことが、現実になっています！」と言ってくれました。

そうなのです。私はある朝、「今日もイヤな予定が何一つないな。というか、明日も明後日も楽しい予定ばかりじゃん！」と、感動したことをきっかけに、「こんな楽しい生活を、独り占めなんてできない！」と思い、ワークライフスタイリストという仕事を始めました。

名古屋のサロンには、榊原恵理（通称えりちゃん）というスタッフがいるのですが、大阪のたまちゃん、名古屋のえりちゃんの二人とも、最初は「佳実さんみたいに好きなことを仕事にして、本当に自由に楽しく毎日が送れるのかな？」と、半信半疑だったようです。

あるとき二人から、「お客さんが思ったようにサロンに来ません。どうしたらいいですか？」と言われたことがありました。そんなときは、「そういうことは誰にでもあるよ。自分が何を伝えられるのかをしっかりと考えて、毎日根気よく発信していけば、絶対に大丈夫。続けることだよ」と言ってきました。

そして今、私のところで仕事を始めてから、たまちゃんは2年半、えりちゃんは1年半になりますが、二人とも好きなことを仕事にして、自由に楽しくやってくれています。

私は仕事で「どれだけ稼ぐか」よりも、「どれだけ楽しく、幸せに生きるか」ということのほうが大事です。

楽しく幸せに仕事をしていれば、豊かさは絶対についてくるものだと考えています。

せっかく働き方も生き方も自由に選べる、この時代の日本という国に生まれたのです。みなさんにも、自分の「幸せ」に正直になって、働き方を選んでもらいたい。みなさんが理想とする働き方・生き方（＝ワークライフスタイル）は、絶対に実現するのです。

私の場合は、最初は自分のビジョンや考え方を生かすコツがまったくわからなかったので、こんなに時間がかかってしまいました。でも、今、この本を読んでくださっているみなさんだったら、格段に早くそれを実現できると思います。

さあ、「そんなのムリ、ムリ」なんて、つまらないことは言わず、まずは「レッツ、妄想！」です。

最強の引き寄せツール「お気に入りペンとノート」

私は「これを叶えたい!!」と強く思い、気分を一新したいときに、ノートを新調します。そのノートには、自分がこれから望む未来や、今、思っていること、仕事のアイデアなど、いろいろなことをたっぷり書きます。1冊のノートを書き終えるころには、一番最初のページに書かれた大きな願いは、きっと叶っている気がするのです。だから、「絶対叶えたい！」大きな願いができたときに、ノートを新しくします。

ノート自体は、ピンとくるもの、手に取ってワクワクするものという単純な基準で選びます。自分が使っていて「これを持っていると、なんだかやる気が出るんだよね」と思えるものを選んでいます。

ペンもお気に入りのものを数種類用意して、気分に合わせて使い分けています。たとえば、

- しっかりと未来を見据えたいときは、見ているだけで夢が叶いそうなキラキラのスワロフスキーのペンで
- サラサラと自分の思いを綴りたいときは、お気に入りのイニシャルノートに書きやすい水性のボールペンで
- 浮かんでは消えるアイデアを書きたいときは、無印良品の「落書き帳」に太めのボールペンで

というような感じです。

自分のテンションを上げるためにも、こんなふうにノートとペンの相性を考えておくと、とても楽しいですし、やる気が沸きます。ぜひ、自分のノートとペンの最高の

ペアリングを考えてみてくださいね。

マイ・スタイル＝好きなことの集合体

私は、「マイペース」という言葉が大好きです。でも昔は、「佳実はマイペースだね」と言われると、「協調性がない」と言われているようで、なんだかイヤでした。

でも今は、この言葉が私の人生を自由にしてくれています。

私はつい最近まで、フェイスブックやブログで、ほかの人が活躍しているのを見ると、「私もがんばらなければ!!」と、焦っていました。私ができないこと、苦手なことをサラリとこなしている人を見つけると、「あー、なんで私にはできないんだろう……」と、ムダに落ち込んでいたのです。

この状態は完全に、ほかの人に基準を合わせている「他人ペース」です。

それで闘争心が湧いて、「逆にやる気が出る！」となれば、もちろんいいのですが、私の場合は落ち込んで、さらにやる気をなくす……という悪循環。できるだけ人の活躍を見ないようにしたり、気にしないようにしたりと努力してみるのですが、たまに目に入るとまた落ち込む……そんなことの繰り返しでした。

そんな私が、なぜ「マイペース」を取り戻すことができたのでしょうか。それは、「好きなこと」にとことんこだわったからです。

自分の好きなことを集めそれを突き詰める。そして自分のスタイルをつくっていく。

その過程で、「やっぱり、あっちのほうがいいかも。それとも、こっちのほうがいいかな？」と心揺れることもたくさんあります。

そんなことを繰り返しながらつくられた「自分のスタイル」を生きていると、自分が一番心地よいと思える「マイペース」がわかるようになります。

「マイペース」を知ると、他人に合わせて不安にならなくてもよくなります。だって、「自分ペース」なのですから。

急ぎたいのか、ゆっくり行きたいのか。予定を詰めたいのか、休みたいのか。あなたが一番心地よく感じるのは、どんなペースでしょうか？

私の講座のある生徒さんが、「とっても活躍していて、毎日忙しそうにしている人を見ると、心がザワザワします。とても焦るんです」と、かつての私と同じことを言っていました。

でも、彼女はとてもおしゃれで雰囲気があり、まるでフランス人のようなこなれたファッションをしていて、会うたびに「素敵だな〜、私もおしゃれをしなきゃ」と思わせてくれる人。だから、彼女の焦る気持ちもわかるけれど、「ほかの人と比べる必要なんて、まったくないのに!」と思いました。

そこで彼女に、「じゃあ、あなたは、その毎日忙しくしている人のように働きたいの?」と聞いてみると、「あ、違いました。私は私らしく自分のペースで働きたいんでした」という返事。

そうです。ほかの人を見て焦りだすと、自分が求めている心地よいペースさえも見失うことになります。向き合うのは、他人よりもまず自分。自分のペースをしっかりと定めれば、ほかの人を見て焦ることは少なくなります。

私は私のペースで人生を楽しむ。

ノートの1ページの上のほうに、そんなタイトルを力強く書いて、自分の心地いいペースを思いつくままにサラサラと書いてみましょう。

毎日、忙しく充実しているほうが心踊る人もいるし、ゆっくりした時間の流れの中で楽しみたい人もいる。本当にその人次第、自分次第なのです。

誰かに合わせるのではなく、「自分のペース＝マイペース」でいきましょう♡

自分が望む最高の未来を思い描く

先日、大阪のスタッフたまちゃんが、こんなことを言っていました。

「佳実さんって、ビジョンを書くノートを2冊に分けているんですよね？　私も2冊にしてるんです！」

たしかに、私は手帳とは別に、ノートを2冊使っています。とはいっても、ノートごとに書くことを明確に分けているのではなく、B6サイズのものと、それより小さい手帳サイズの持ち運び用を2冊持っていて、その時々で、手もとにあるほうに書くようにしているだけです。

もちろん、ノートの用途は、「これがビジョン用」「これは思いついたことをメモするためのもの」「これは気づきを書き留めるためのもの」と、細かく分けてもいいでしょう。でも私の場合は、使い分けることに気を取られて、書くことが面倒になってしまいそうなので、どちらとは決めず、ごちゃ混ぜにして書いています。これはもう、みなさんの好きなように書き留めていってもらえればと思います。

たまちゃんの場合はというと、「私のノートの分け方は、一つが『本当に叶えたいビジョン用』、もう一つは『たぶんこれなら叶うだろうビジョン用』です」とのこと。そこで私は笑いながら、「たぶん叶うだろう用のノートは、捨ててもらっていい？」と言いました。

ビジョンを書くときのコツは、「自分が心の底から叶えたい、こうなったら最高に幸せ！」と思えることを書くことです。

「今の私だったら、これくらいが妥当かな……」という考えは、ナンセンスです。だって、今のあなたが想像できる範囲のことは、必ず叶うのですから。

あなたは今、「5年後の東京オリンピックに出場する！」とは想像できないですよね？（スポーツが得意な人は、想像しているかもしれませんが……）

そう、実現不可能なことは、私たちは想像すらできないし、考えもしません。でも、今のあなたに想像できることであれば、叶えることができるのです。叶えられることだから、思いつくこともできるのです。

自分の未来に遠慮している場合ではありません。

ぜひ、こっそり自分だけのビジョンノートに、「こうなったら最高に幸せ♡」というビジョンを書いてみてください。絶対、その願いは叶います。

未来地図は「遠慮せず」「素直に」描く

本当は前に出たいと思っているのに、「私は裏方のほうが合っているから」と、これまでまわりの人に遠慮してきたという人の話をよく聞きます。

みなさんも、本当は「有名になりたい」と思っているのに、そんなことを言ったらバカにされたり、絶対にムリだと否定されたりする気がして、「私は、こっそりやっていたいんだよね」「これくらいがちょうど良いんだよね」なんて、ウソをついていませんか?

「もっと大きなビジネスをやっていきたい」と思っているのに、「今の私じゃ、そんなこと目指せないよね」って、遠慮していませんか?

でも、それって、「自分で勝手に制限をかけている状態」です。とってももったいない話です。自分に制限をかけているつもりがなくても、「そう思い込んでいる」こともあります。本当は前に出ることが望みなのに、「私は裏方が合っている」と、本気で思っているのです。

でもそれだと、裏方をしていても心から楽しめなかったり、前に出ている人を羨ましいと感じたり、がんばっても上手くいかなくて「私ってダメだ」と落ち込むことになってしまいます。逆の場合も然り。本当は裏方の方が実力が発揮できるのに「前に出ていなきゃ認められない」とムリをしていませんか？

もっと自分に素直になりましょう！

自分が何を望んでいるのかを知るためにも、とことん自分と向き合ってみるのです。ここでもオススメは、ノートに自分の望んでいることをどんどん書いていく方法です。人には恥ずかしくて言えないようなことも、ノートにだったら書けます。ノートには素直な気持ちや本音を、どんどん書いていってください。

そうすることで、自分の気持ちを認めていくことができます。

「前に出る」と人に言うことが、なんとなく恥ずかしいと思っていたとしても、それを何度もノートに書いているうちに、「私は前に出る価値がある」と思えるようになります。すると、不思議と前に出る仕事が舞い込んできたり、自分から自然にその方向へ進んでいけるのです。

自分の願望に素直になるというのは、簡単なようで中々難しいことです。そんなときは、気がついたらノートに自分の望むことを書くようにして、少しずつ自分を認めていってあげてください。それを半年続ければ、セルフイメージ（自分で認める自分自身の価値）が、ものすごく上がっているはず。

「私は、こうしたいんです！」と、まわりの人に自信を持って言えるようになっていますよ。

「すごい人」と自分を比べるのをヤメてみる

それでもみなさん、「私よりすごい人はたくさんいるし、もっと前に出たいと思っても、私じゃやね……」なんて、思っていませんか？

以前、まだ私がパーソナルスタイリストとして活動していたときのお客様で、私を慕ってくれて、サロンに何度も通ってくれた可愛い女性がいました。彼女はそれまで100万円以上のお金をかけて、カウンセラーの学校で勉強をしていると話してくれました。

私は、「そんなに勉強しているのに、なんで仕事にしないの？」と尋ねました。すると彼女は、「私よりすごいカウンセラーなんて、たくさんいますから。まだまだ仕事にはできません」と言うのです。そのとき、私はこう答えました。

「自分よりすごい人なんて、今から100年先だって、いると思うよ」

自分よりすごい人がいるから仕事にできないと思っていたら、これから先、どのタイミングで仕事をスタートできるかわかりません。もちろん勉強などのインプットは大切ですが、やりすぎても頭でっかちになりがちですし、カウンセラーなら、実際にクライアントに接して初めてわかることもたくさんあるでしょう。そうすることで、「新しく学びたい」と思えることも増えるはずです。

そんな話をしたら、その後彼女はすぐにブログを立ち上げ、カウンセラーとしての仕事を始めました。今では大人気カウンセラーになって、毎日たくさんの予約が入っているそうです。

もちろん、自分よりすごい人はたくさんいます。でもその人と比べる必要はないのです。たとえばこの本に関して言えば、世の中にはもっと稼いで、会社を大きくしているすごい女社長さんが書いた本もたくさんありますよね。そんな中で高卒で、起業してまだ数年という今の私の話のほうが、手の届かないすごい人の話より、身近だし、ためになると思い、読んでくださる人もいると思うのです。

今のあなたのままで人に伝えられること、教えられること、感動してもらえることは、きっとあるはずです。それに、もうすでに、知らないうちに誰かの役に立っているかもしれません。

「好き」を集めて自分に見せつける

「やりたいことは、どうしたら見つかるでしょうか?」

私はこうした質問をたびたび受けます。私にもそんな時期があったので、みなさんの気持ちはよくわかります。

「自分には、もっと大きなことができるはず！」「このままでは終われない！　もっと可能性があるはずだもん‼」

でも、それが何かがわからない……と、モンモンとする日々。

そう、それは「人生のモンモン期」なのです。

では、この人生のモンモン期から脱出するためには、具体的に何をすればいいのでしょうか。私のオススメを紹介していきましょう。

「やりたいこと」を見つけるのと同時に、「好きなこと」を見つけるのにも、どうしたらいいのかわからないという声をよく聞きます。

たしかに、何気なく毎日を過ごしていると、「自分の好きなこと」をしっかり意識することはないですし、時間はなんとなく流れていきますよね。

そんなときは、やっぱりノートに書き留めるのがオススメです。

自分の好きなこと、好きなものをノートに書き出してみてください。

好きなテレビ番組、好きなアイドル……なんでもいいのです。寝ること、友だちとカフェに行くこと、彼と家でまったりと過ごすこと……そんなのも素敵ですね。とにかく、自分の「好き」に敏感になりましょう。

そして同時に、「嫌い」も書き出してみましょう。そうすることで、「好き」がよりクリアになってきます。

ここで大事なことは、気楽にノートに書き出す、ということです。

たとえば「好き」として書きたいことを、「私は本当に、これを好きなのかな？これで大丈夫かな？」なんて考えすぎて心配になる必要はありません。「好きなことはなんだろう？」と考えたときに浮かんできたことを、気軽に書き出してみてください。

実際、好きだと思っていたことでも、やってみたら「そんなに好きじゃなかった」なんてことはザラにあります。もちろん、私にもよくあります。

私はファッションが昔から大好きで、個人向けのファッションアドバイスをするパーソナルスタイリストとして起業しました。でも、数年やってみて気がついてしまったのです。「私は自分の服をあれこれと選ぶのは好きだけど、人のスタイリングは、ものすごく好きというワケではないのかも……」と。

しばらくはそのことに気づかないふりをしていました。自分が「大好きだ」と信じて始めた仕事です。相当のエネルギーを注いできたし、実際に楽しかった。だから今さら「実は好きじゃない」と思っても、やめるわけにはいかない。だから、認めたくなかったんです。

それからは自分と向き合う日々が続きました。そうしていくうちに私は、「ファッション」より「マーケティング・集客」が好きだということに改めて気がついたのです。そこには、ファッション雑誌よりも、ビジネス書を読んでいるときのほうが熱中している自分がいました。洋服のことより、マーケティングの話をしているときのほうが熱くなっている私がいたのです。

そんな自分を少しずつ認めていくうちに、ある朝、「毎日楽しい予定しかない！」

と感動し、「働き方・生き方を選ぶというワークライフスタイルを多くの人に伝えていこう！」と決心しました。そこから、「ファッションの仕事を手放してもいいのかも」と思うことができたのです。

私のことを例にとってもそうですが、「大好き！」と思っていても、やってみたら「実はそんなに好きじゃなかった」とか、「もっと好きなことがあった」ということはよくあると思うのです。でもそれは、やってみなければわからない。「好き」と思って始めて、動いてみたからこそ、「もっと好きなこと」に出合えたのです。

私も起業しなければ、自分がこんなにマーケティングやビジネスが好きだということに気がつきませんでした。だからみなさんも、「好き」なことに気がついたら、「本当にこれでいいのかな？」「ずっと好きでいられるかな？」と難しく考えずに、すぐに始めてみてください。

そうすることで、もっと好きになるかもしれないし、「違ったかな？」と思うかもしれない。または、もっと別の違う何かが見えてくるかもしれない。動かなければ、何もわからないのです。だから「好き」を探して興味のあることが出てきたら、とりあえずやってみることが大事です。

とりあえずやってみる。

これが成功の秘訣です。

「憧れの自分」がやりたいコトを連れてくる

あなたの「なりたい自分像」って、どんなものですか?

そこから自分が「したいこと」＝「今すべきこと」を逆算して、モンモン期から脱出する方法を考えるやり方もあります。

私は以前から、常に未来のビジョンを掲げていました。それと同時に、「どんな自分でありたいか」ということも、かなり細かく考えていました。

✚まわりの人から見て、自分はどんな存在でありたいのか
✚どんなファッションをするのか
✚どんな口調で話すのか
✚どんな部屋で暮らすのか
✚どんなものを食べるのか

そんなふうに、細かく細かく、なりたい自分像をつくっていくのです。

そして、そんな自分になるには、今、どうするべきなのかを考えていきました。この方法は、コンサルティングのときにもよく使いましたが、クライアントさんに「あなたは、どんな存在でありたいですか?」と聞いてみるのです。そこから、その人がどんな自分でありたいと思い、何がしたいのかを探っていきました。

「みんなから憧れられたいです」という人に対しては、憧れられるにはどんな自分でいる必要があるのかを、一緒に考えていきます。

「人から頼りにされたいです」という人に対しては、どのように人とかかわることで、誰かの「頼れる人」になれるのかを、理想に近い形で考えていきます。

みなさんも、「憧れられたい」のか、「人の中心でいたい」のか、「人の上に立ちたい」のか、「人のお世話をしたい」のか……どんな自分でいたいのかを考えてみてください。

そして、そんな自分はどんな服を着て、どんなところに住んでいるのか。どんな仕事をし、どんな生活を送っているのか。詳しく考えてみましょう。

「なりたい自分」を考えることで、「やりたいこと」がどんどんあふれ出してきます。

「未来像」より「感情」を優先させて

あなたが今味わいたい感情は、どんなものでしょうか？　それを考えてみることで、自分の未来が見えてくることがあります。

今から3年前、私はある友人から、「自分が欲しい未来を考える前に、今味わいたい感情を考えてみると、すんなりいくよ」と言われました。

そのとき、私が味わいたかった感情は「安定・安心・愛・誠実」でした。当時、私が一番願っていたのは「パートナーが欲しい」ということだったからです。ほどなくしてパートナーができ、その翌年も同じように味わいたい感情を考えてみると、浮かんだ言葉は「飛躍・高揚感」でした。そのときの私は、「もっと仕事で突き抜けたい!!」と思っていたのです。その後、私は仕事は、より上手くいきはじめました。

ぜひあなたも、今味わいたい気分をノートに書き出してみましょう。**先にその感情を味わってしまうことで、感情面で「理想の自分」の先取りができます。**そうすると物質的なことも、起こる出来事が感情についてきて理想が現実になるのです。

願いゴトは「完了形」で書いて実現!

私は月に1回、「新月のお願いごと」をノートに書き出すようにしています。私自身はスピリチュアルなことについては疎いのですが、知人から聞いて、「書くだけで願いごとが叶うんだったら、ラッキー♡」という軽い気持ちで、何年も書き続けてきました。

毎月書いていて、発見したことがたくさんあります。

まず、毎月「新月」という決まった日に書く習慣をつけることで、月1回、自分の理想の棚卸しができます。日々の生活に追われ、自分と向き合う時間がなくても、「新月」を利用して今の自分が望んでいることを書き出すことで、思考が整理され、ビジョンが明確になるのです。

そして、毎月、昨年の同じ月（ちょうど1年前）の願いごとを見返すようにしています。すると、びっくり。昨年書いた願いごとが、今ではほとんど叶っているのです！

昨年は「こんなこと、私が叶えられるのかな？」と半信半疑だったことも、今の私だったら軽々と達成できていることがたくさんあります。

私の新月のお願いの仕方は、いろいろな人から聞いた要素を組み合わせて、自分がしっくりくる方法で書いていています。せっかくなので紹介しますね。

✢お願いごとの一番上に、「20××年○月　新月のお願いごと」とタイトルを書く。

✢お願いごとは10個書く。

✝お願いごとの文章の書き方は、「彼氏ができました。ありがとうございます」というように完了形で書く。

新月の日は、インターネットで「20××年　新月」と検索すれば、すぐに出てきます。忘れそうな人は、手帳などに印をつけておくといいかもしれませんね。

他人の意見も顔色も気にしない！

自分の生き方・働き方を選ぼうと思ったとき、「こんなことをしたら、どう思われるかな？」「みんなに言ったら、どう反応されるかな」なんて、不安になりますよね。でも、ほかの人が自分の人生を生きてくれるわけじゃないし、自分もその人の人生を生きられるわけじゃない。

自分の人生を生きられるのは世界でたった一人、自分だけなのです。

だから、人のアドバイスはもちろんありがたく受け取って、参考にして……でも、ほかの人の意見で自分のやりたいことを我慢したり、未来に遠慮する必要なんて一切ありません。

人の意見や顔色を気にしているということは、他人の人生を生きているのと同じ。

あなたは、あなたの生きたい人生を生きればいいのです。

だから決めましょう。「私はこんな生き方をする、働き方をする！」って。

決めたら、そこから少しずつ行動するだけ。

ワクワクすることを一つずつ、こなしていくだけです。

あなたの最高の人生は、もう始まっています。

決めるという最高のテクニック

私はまわりの人から、「佳実さん、もう、どうしたらいいのかわかりません。どうすればいいのか、教えてください」と、唐突に言われることがあります。誰だって何かに不安を感じれば、「自分はどうしたらいいのかわからない……だから、誰か、どうするか決めちゃってよ」と、思うこともありますよね。

私はそんな人たちに、こうアドバイスします。

「自分はこうなると、自分で決めてください」

そうすると、「え!? だから、どうしたらいいの?:」と聞き返されたりしますが、私はまた、「自分がどうなるのか、自分が決めるんです」と、同じことを言います。

人は自分が決めたものにしかなれません。

たとえ私がそのとき「こうしたほうがいいよ」と、当たり障りのないことを言ったとしても、言われた当人は、きっと明日になれば忘れてしまうと思います。それは人からのアドバイスより、「私はこうなる」と自分で決めたほうが何倍もいいからです。

「決める」ということは、理想の未来を叶える最高のテクニックなのです。

人からどれだけたくさんのアドバイスを聞いても、すごいことが書いてある本を何冊読んでも、それはヒントでしかありません。自分の答えは自分にしか出せないのです。

先日、クライアントから「佳実さんの、恋も仕事もどっちも叶える♡　という考え方に共感して、セッションを申し込みました。だけど昨日、成功したいなら結婚はあきらめなさい、というような内容の本を読んで、実はまた心が揺れています。成功したいのなら、恋愛はあきらめなきゃいけないのかなって……本当はどちらが正解なのですか?」と聞かれました。

その答えは、どちらも正解であり、不正解です。なぜなら極端な話、私にとっては恋も仕事も両方というのが正解だけれど、きっとその本の著者にとっては、正解は別のものなのでしょう。

だから、一人ひとり、自分自身の答えを探すしかないのです。もちろん「私はこう考えます」というアドバイスはできます。でも、その答えが絶対に正しいということはないのです。

あなたの正解はあなたにしかわからない。

この世の中に「こっちのほうが絶対に正しい」ということは一つもないと私は思っています。だから、自分の中の「正解♡」は自分で決める。それが自分の人生を生きるということです。

好きなコトは「走りながら」見つけよう！

何かを「決める」となると、そのことで絶対に成功しなければいけない、やり通さなければならないと感じ、ものすごいプレッシャーがかかり、やっぱりなかなか決められない、そしてその後、動けなくなってしまう……という声も聞きます。

でも、実は、プレッシャーを感じなくても大丈夫なのです。

決めた後、やりながら少しずつ変えていけばいいのです。

先にも述べましたが、「好き」と思ったことが、実はそんなに好きじゃなかったと思うことはたくさんあります（私はとくに多いです）。

でも、その行動したことがムダになるわけではないし、行動しなければ、本当に好きなのか、そうじゃないのかもわからなかった。

そう、やってみなければわからないのです。

恐れずに「決めて」「やってみる!」。それだけで、人生は驚くほど変わるし、輝きだします。私はそれを実践し、実感しています。

私は決断も行動も早いですが、その後すべてが順風満帆で「即成功!!」というふうにはもちろんいきません。行き詰まったり、またモンモンとしたり、立ち止まったり……でもそれでも、少しずつ修正しながら前に進み、今があります。

だからぜひ、あなたも、どんな小さなことでもいいので、今日から始めてみてください。たとえば、こんなことでもいいのです。

- **掃除をする。**
- **早起きをしてみる。**
- **いつもより1本早い通勤電車に乗って、会社のまわりを散歩してみる。**
- **なりたい自分が着そうな素敵な洋服を買ってみる。**

✦新しい自分になるために、美容院に行ってみる。

新しい自分になるためのツールは、そこら中にあります。今すぐにでもあなたは生まれ変われるのです。そう、あなたが望みさえすれば♡

ワークタイム

- あなたにとっての「幸せ」「豊かさ」の形を考えよう！
- あなたのこれからの人生、「こう生きる！」と決めよう！
- 「こうなったら最高に幸せ！」のビジョンを立てよう！
- 最高のビジョンを実現させるための第一歩を今日から♡

今日から始められることを、
3つ書き出してみよう。

第2章

安心する

～ミラクルスイッチが「オン」になる瞬間～

「もう、理想のステージの扉なんて現れないんじゃないか……」
そんなふうに不安になっていない?

実はね、「理想のステージに絶対行ける」と心から安心したとき、いとも簡単にその扉は現れるのです。

そう、自分の人生に安心すれば、ミラクルが起こるのだ!
自分には想像もつかない、すごい展開で。

「小さなことを喜ぶ」とミラクル体質になる

あなたの人生に今、ミラクルは起こっていますか？

ミラクルとは「自分の想像を超える、思ってもみないような展開」のこと。

そう、ミラクルは、敏感になればなるほど頻発します。せっかくミラクルが起こっても、気にせずにスルーしていると、起こりにくくなってしまうのです。
どんな小さなミラクルでも、「すごい!! 嬉しい!!」「私って、やっぱり運がいいわ〜」と思っていると、どんどん起こるようになります。

じゃあ一体、ミラクルってどんなもの？
ということで、ここで、私に起こったミラクルを紹介しますね。

★聞きたかった曲が、いきなりお店で流れてきた

ある日、深夜の音楽番組をテレビで見ていたら、私が高校時代に聞いていたGLAYの「ずっと2人で」（作詞・作曲：TAKURO）という曲が少しだけ流れていました。それを聴いた私は「懐かしいな～、全部聴きたいな～」って思ったんです。でも、その番組では、「懐かしの曲集」という形で紹介されていたので、サビの部分しか流れませんでした。「ちょっと消化不良だな……。まあ、また探して聴こう」と、その日は寝ました。

そして次の日の夜、家の近くの居酒屋さんに夕食をとりに行きました。そうしたら……なんと、お店のBGMで流れだしたのです、「ずっと2人で」が。この2015年に、飲食店のBGMで「ずっと2人で」を聴ける確率なんて、数パーセントもないのではないでしょうか。私はこのとき「ミラクルだ!!」と思いました。

一緒に食事をしていたパートナーに、「やっぱり私、持ってるわ♡」と、自慢したほどです。

★欲しかった靴を彼が出張中の海外で買ってきてくれた

今度のパーティで履きたいなと思っていた、値段が少し高めの靴。色も派手だし、ふだん履くにはちょっとな～、買おうかどうしようかな～と、迷っていました。

「また来週末、お店に来て考えよう」と、そのときは保留にしたのですが、その2日後……ちょうど海外出張に行っていた彼から、スマートフォンにメッセージが送られてきました。「佳実の靴のサイズはいくつ?」と。

いきなりの質問だったので「どうしたの?」と返信をすると、「こっちで、靴のセールをやっているから、○○ブランドの靴を買っていこうと思って」という答え。

そのブランドは、私が2日前に買うかどうか迷っていたもの。そして、「これだよ」と送られてきたセール商品の棚の写真に、まさに私が欲しいと思っていた靴が!! これには私も大興奮。「これ、私が買おうかどうか、ちょうど今、悩んでいた靴なの～!」スマホをFaceTimeにして、彼に叫びました。

もちろん、その靴は彼と一緒に日本に来てくれました。

このようなミラクルが起こる私の毎日。「これって、ミラクルって言っていいのかな?」というような小さなことから、「これはすごい!」という特大のものまで、いろいろと起こります。

そんな私は、小さなミラクルに対しても、大げさに喜ぶようにしています。そうすると、大きなミラクルがたくさん起きるのです。

そう、ミラクルとは自分の想像を超えた展開のこと。この大きな力にとって、私にとって起こる出来事の大小の差はあまり関係ないのです。だから小さいミラクルだからといって「ちぇっ」と思っていたりすると、ミラクル自体が起きにくくなってしまいます。

なぜなら「ミラクルが起こっても嬉しくない」という感情を味わっていることになるので、そこにはこれからお伝えする「安心」も「満たされる」も心から思えないからです。

小さなことでも大げさに喜ぶこと。

これ、とっておきの大きなミラクルを起こすコツです。

ラッキーガールをつくる最強の言葉♡

敏感になればなるほど頻発するミラクル。だから自分自身で「私はミラクルがよく起きる体質だわ！」と思っていると、次々とラッキーなことが起こります。

でも自分のことを、なかなかそこまでは都合よく思えないという人も多いはず。

そんな人は、「私って、ツイてる！」って、声に出して言ってみたらいかがでしょう。

サッカーの本田選手張りに、「私、持ってます」と得意げに♡

そうやってつぶやいているだけで、実は脳が騙されて、ミラクル体質に少しずつ変わっていくのです。

間違っても、「私って、ツイてなくて……」なんてことを絶対に思ってはいけません。

それはミラクルをみすみす自分から拒否しているようなものです。

ラッキーガールには、誰もがなれます。でも、それには自分が「ラッキーガール」だと思えるかどうかが大事。「ラッキーが起こってからなら思えるけど……」なんて言っていたら、一生ラッキーガールにはなれません。

ラッキーガールとアンラッキーガール、どちらになるのも自分次第。だとしたら、あなたはどっちを選びますか？

私は間違いなく、「ラッキーガール」を選びます♡

恋も仕事も「遠慮なく手に入れ」ていい♡

今回、この本で書いている「自分の人生にミラクルを起こす方法」の内容を、この夏、東京、名古屋、大阪でセミナーを開催し、一足先にお伝えしました。

そこに参加してくださった方から、セミナーの後、「ミラクルが起こりました‼」とたくさんのメッセージをいただきました。なかでも「それすごい！」と思ったのが、「セミナー3日後に彼氏ができました」と教えてくださった方。

その方は「今は仕事の頑張りどきだから、恋はあきらめよう」と思っていたそうです。でも、セミナーに参加し「恋も仕事も、どっちも手に入れていいんだ」と心から安心し、そうしたらなんと3日後に彼氏ができてしまったのです。すごいですよね。

素直に望んだ瞬間にミラクルが起こり、すんなりと手に入ることはよくあります。

だから遠慮せずに、自分の気持ちに素直になって望んでみてください。そうすると、案外スルリとうまくいくものですよ。

望みが叶わないのは、ただあなたが遠慮しているからだけなのかもしれません。

「自分の今に感謝」がミラクル体質のスタート

私が離婚をして、2年が経とうとしていたころのことでした。彼氏はいなくて、仕事はうまくいっていましたがフリーランスで不安定。好きなことを仕事にして、好きな場所に住み、満足した生活をしているはずなのに、漠然とした将来への不安が、夜な夜な押し寄せていました。

そうなると、もう「ない、ない」のスパイラルへ。「彼氏はいないし、仕事は不安定だし、寂しい一人暮らしだし、貯金もそんなにあるわけじゃないし……」となっていきます。

たとえばまわりの人から見て、どんなに恵まれているように見える人でも、自分の「ない」を探そうとすれば、どれだけでも出てきます。そこにフォーカスすれば、どんな人でも「ない」を増やしていくことができてしまうのです。

だからこそ、自分に「ある」ものに意識を向けることが大切です。今の自分に「ある」ものをちゃんと認識して、感謝する。

住む家があること、仕事があること、友だちがいてくれること、健康でいられること、家族が元気なこと、あたたかいごはんが食べられること……こんなにも自分には「ある」が溢れているのに、つい「ない」を探してしまいます。それこそが、ちまたでよく言われる「ネガティブ思考」の原点だと思います。

人生を上手くいかせたいのなら、まずは自分の「ある」を探す。

これって、とても大事なことです。「ある」ものがわかると、自分はとても恵まれていると感謝したくなるし、人にもやさしくできる。毎日が今よりもっと楽しくなります。「ある」をきちんと見ることは、ミラクル体質になる基本です。

考えた通りに自分は変わっていく

「ない、ない」と自分にないものを探し、そのスパイラルの真っただ中にいた私。仕事はある程度うまくいっていたので、一番の悩みの種は「パートナーがいないこと」でした。一人になると、いつも言いようのない寂しさや孤独感を感じていたのです。
そんな時にこんな話を聞きました。

この世にあるものはすべて分子で、できている。

この話は前々から本を読んだり、話を聞いたりして知ってはいました。でもその時に聞いた話が、私のその後の人生を変えたのです。

この世にあるもの、それは私たち自身も、今私の目の前にあるパソコンも机も座っている椅子も、すべて分子でできています。小さな分子が集まってできているのです。そして私たちの分子は常に入れ替わっているそうです。

よく考えてみればそうですよね。生まれたとき、あんなに小さい赤ちゃんだった私たち、あのころと同じ分子の集まりなわけがありません。常に分子を入れ替え新しい私になっているのです。

そして、私たち人間と他の物質の一番大きな違いは「思考」があるかどうか。私はそのとき、分子の入れ替わりに「思考」が大きく関わっている、ということを聞いたのです。

たとえば私が「作家になる」と決めたとします。そうすると実は思考の上ではすでに私は作家なのです。でも、分子が思考についてくるのにはタイムラグがあります。思考上は作家でも「作家の私」の分子になるには時間がかかり、現実ではすぐに作家にはなれません。ただ、私たちはなかなかそのタイムラグを待てないので、ついつい「やっぱり無理なのかな」と、また新しい思考が生まれてきてしまいます。そうすると、また分子がその思考に影響されながら入れ替わっていく……そんな風に私にはイメージできました。
その話を聞き、自分の中で落とし込んだことで、私はとても納得しました。今まで「引き寄せの法則」や「願いは現実になる」ということを、なんとなく「そうなんだろうな～」と思ってはいたのですが、確信するまでに至ってはいませんでした。

でも、思考通りに分子が入れ替わって、新しい自分がつくられていく……。

そうイメージしたら「何も心配することはない」と、心から思いました。
だって、考えた通りに分子が入れ変わり新しい自分になるはず。引き寄せの法則は夢物語とか「なんとなくそうなる」という次元の問題ではなく、確実に「そうなる」ものと信じられたのです。

思考にそれだけのパワーがあるということが、よくわかる映画も見たことがあります。「Ｉ ａｍ」というドキュメンタリー映画なのですが、その中での実験でこんなものがありました。あるコンピューターの画面に不規則な数字の羅列が並んでいます。ちょうど映画「マトリックス」にあったような、黒い画面に緑の文字で、数字が流れている、そんな画像でした。その不規則な数字たちが、人の思考のパワーで、急に規則正しく流れるようになるのです。

多くの人が同じような強い思考になるとき、それは大きなテロであったり、大震災が起きたときです。そんなときには、世界中のたくさんの人が同じような悲しみの思考になります。そういった同じ大きな思考が巨大なエネルギーとなり、そのコンピューターの数字に影響を与えるのです。人の思考のパワーというのはここまで強いものなのかと、その映画を見ながら私はびっくりしました。

思考は分子レベルで、自分自身をつくっている。

「思考は現実化する」と、いろいろな所で言われていますが、きっとあなたが思っている以上に、思考は未来に影響します。それに気づいたとき、私は、

私の思った通りになるのだから、もう何も心配することはないんだ！

と、自分の未来に心から安心することができたのです。

「パートナーも私にぴったりの素敵な人が絶対に現れるし、仕事ももっともっと上手くいく。だって私がそれを望み、決めているから」そう確信したのです。

「理想の彼」を思い通りに引き寄せる方法

自分の人生にすっかり安心した私。それから2週間ほどたったころでしょうか。ある知り合いの男性Aさんから電話がかかってきました。

そのときに、今までにない、すごい勘が働いたのです。

話は少し遡り、その電話がある3カ月ほど前、私はAさんの誘いで、ある食事会に参加していました。そのときに隣に座っていた初対面の男性（Bさん）がいて、「かっこいい！」と思ったのですが、話を聞いてみると見た目よりも年齢がかなり上で、私とは年が離れていました。

なので私は、当時「絶賛彼氏募集中!」だったのですが、「この人は違うかな」と思ったのです。そのときはフェイスブックの友だち登録だけして、その後はとくにBさんに連絡することはありませんでした。強いて言えば、フェイスブックの彼の投稿をたまに目にして、「いいね」をクリックするくらいでした。

でも、不思議なことに、Bさんがその後、私の夢の中に2回も登場したのです。それも私と夫婦役で。「なんでBさんが、私の夢に2回も出てくるんだろう?」と思ってはいましたが、あまり気にとめていませんでした。

その後に、先ほど述べた分子の話を聞いて「人生に心配することは何一つない。私の人生は絶対に上手くいく」と確信していたところ、2週間後……3カ月ぶりにAさんから電話があったのです。

Aさんから電話をもらったのは、前の食事会以来初めてでした。そして、着信欄にAさんの名前を見た瞬間、「私、Bさんとつきあうだろうな」と思ったのです。理由はわからないけれど、はっきりそう直感しました。電話の内容は、Aさん自身が転勤するので「その前に、またみんなでご飯でも」ということでした。そこにどんなメンバーが集まるかは聞かなかったけれど、絶対にBさんも来ると確信しました。
そして、2回目の食事会当日、もちろんBさんは来ていました。そして、その後2人で会うようになり、私たちはパートナーとなったのです。

驚くことは、それだけではありません。恋人となったBさんは、まさに私の理想通りの人だったのです。それまで、「もう、一生彼氏できないかも……」と、自暴自棄になっていた私。
まわりからの「大丈夫だよ〜、佳実ちゃんならすぐ彼氏できるよ〜」という励ましに、「それって、いつ!?」と、ちょっとつっかかってしまうくらい、「パートナーが欲しい」ということに執着していました。「彼氏ができる方法」をネットで検索したり、その手の本を立ち読みしたことも一度や二度ではありません。

そんな中、引き寄せの法則の本などにも、「理想の人の条件は細く書いておく」というのをよく目にしたので、「とりあえず、即実践」の私はやってみました。理想の条件を15個くらいでしょうか。「こんな人いる⁉　少なくとも私は会ったことない……」と、自分自身でも突っ込みを入れたくなってしまうような理想です。でもね、Bさんはそれを全部クリアしていました。

理想の条件に、どれくらい細かいことを書いたかというと、身長や外見、年収などはもちろんのこと、「毎日連絡をくれる」「仕事はすごくできるけれど、私と会っていることが一番楽しいと言ってくれる人」「家族にやさしい人」というような具合です。「英語がしゃべれる」「グローバルな人」というのも書きました。でも、書くだけならタダ。誰にも迷惑をかけないし、誰も傷つけることはありません。「そんなの本当に叶うのかな?」と疑う前に、書いてみることをオススメします。

先日、東京で開催しているグループ講座で生徒さんにこの話をしたところ、すでに同じことを実践している人が4人いました。そしてその全員が、なんと書いた条件にピッタリのパートナーと結婚していたのです‼　理想のパートナーと出会いたいと思っている人は、ぜひ、その条件を書いてみてください。

人生思った通りになるから、何も心配することはない。


そう確信した途端、ずっと思い悩んでいたパートナー問題もスルリと解決しました。

きっと今、あなたが思い悩んでいることがあるとしても、ビックリするような展開でスルリと解決することでしょう。

パートナーの条件は自分の理想の人生から考える

ここで、理想のパートナーを引き寄せるための考え方を少し説明させてください。

私の前著『可愛いままで年収1000万円』で、「理想の働き方は、理想の生き方から考える」と書きましたが、理想のパートナーの条件も同じです。

「あなたの理想のパートナーとは?」と聞かれると、「やさしい人」「経済力のある人」など、なんとなくで答えてしまいますが、そこは明確にするのがベターです。

まず、自分がこれから生きたい人生を考えます。そして、その人生を歩む自分の隣には、どんな人がいるのかを考えるのです。**理想の人生を一緒に生きたいパートナーは、どんな人なのかということが大切です。**

私の理想の生活は、「大人のおしゃれな生活」でした。だからそういう生活を一緒にできる人を想像し、そのための条件を具体的に挙げていったのです。

仮に、理想の生活が「海の近くの家で、大きな犬と一緒に暮らす」というようなイメージの人は、彼もサーフィンをする人がいいなとか、アウトドアが好きな人がいいなということになります。

そして、自分が「安心できる人」というのも、私にとっては大切な条件でした。私は「毎日電話したい派」です。でも、これって、人それぞれですよね。私の場合は毎日電話をして、今日何をしていたのかを日報のように報告してくれる人が安心します。「つきあっているからって、その日何をしていたかなんて、言いたくない」という人もいるので、私の場合、そういう人とおつきあいすると、自分が我慢することになるので疲れます。だからパートナーの条件には「毎日電話をくれる人、連絡がマメな人」

というのを加えました。

また、私はこの理想を掲げているときには、すでに起業をして一人で仕事をしていたので、それを理解して応援してくれる人というのも必須条件でした。私はビジネスの話が大好きなので、「仕事の話を一緒に語れる人」というのも理想に入れました。

今、それはしっかりと現実になっていて、お互いの仕事を理解し、それぞれにアドバイスし合ったり、励まし合ったりしています。本当にあのとき書いた理想のパートナーのイメージどおりだと思うのです。

「自分が生きたい理想の人生」→「その人生を一緒に生きるパートナーは、どんな人なのか？」

それを考えれば、理想のライフスタイルを理想のパートナーと一緒に楽しめます。

心配ばかりしていると望みは叶わない

みなさんも、「自分の人生に安心する」ことが、どれだけいろいろなことをスルリと解決するのかということが、おわかり頂けたと思います。

それにしても、なぜ、以前はスルリと解決できていなかったのでしょうか。それは、「心配」のマインドが自分の思考を占めていたからです。

私の場合、「一生、一人だったら、どうしよう」「彼氏がこのままできなかったら、どうしよう」「老後はどうなるんだろう……」なんて、今しなくてもいい心配を、暇さえあればしていました。こんな思考でいたら、叶うものも叶わないのです。

心配からくる願いごとは、とても叶いにくいものです。なぜかというと、「彼がこのままできなかったら、どうしよう」というネガティブな思考のほうが、「彼氏が欲しい！」という思考よりも力が上回ってしまうからです。

前述のように、思考のとおりに分子は変わっていき、未来がつくられます。ということは、「彼氏ができなかったら、どうしよう」と心配している自分ができ上がっていくのです。心配の思考はとても強いものです。心配すればするほど、深く考えてしまい、思いが強くなってしまいます。それは、「自分の人生に安心する」ということとはまったく反対の状態です。

そこで、今すぐ、「心配」を手放して、こう唱えてみてください。

私の人生は大丈夫。何も心配することはない。

まだにわかに信じられなくても、言葉にして言ってみましょう!

「水曜は美容院♡」ぐらい気軽に未来設定

私たちは叶えたいこと以外にも毎日、未来を設定していると思います。それは予定を立てるということ。「友だちとランチ」とか「来週は会議」とか「美容院に髪を切りに行く」とか。スケジュール帳に書いたり、スマートフォンのカレンダー機能に入れたりしますよね。

あなたは手帳やスマートフォンに予定を入れるとき、心配したりしますか？　きっと、しませんよね。

「あー、来週、本当に美容院に行けるかな？」「行けなかったらどうしよう……」なんて、不安になったりしないと思います。同じ未来設定でも、「もう、当然そうなる」という気持ちで予定を書き込んでいるはずです。

叶えたい願いに対しても、それと同じくらいのスタンスでいることがオススメです。「彼氏ができますように」という願いも、「来週、美容院♡」くらいの気持ちで、「来月、彼氏ができる♡」と、予定に入れちゃいましょう！　そのほうが、断然実現しやすくなります。

先日、友人４人で旅行したときのことでした。たまたま立ち寄ったおしゃれな雑貨屋さんで、一人が「今、この４人でいることで、エネルギーがかなり上がっている気がするから、ノートを買って願いごとを書きたい！」と言いだしました。彼女が探して手にしたノートは、ちょうど色が4種類あり、せっかくだからみんなで色違いで買おうかと、一人1冊ずつ、それぞれ違う色を購入しました。

その後、入ったカフェでみんなでノートを広げ、じゃあこれからの予定を書こうと、自分のワクワクする未来を書き始めました。もう、みんな真剣。誰も言葉を発することなく、黙々と書いていました。

そのとき、私が一番最初のページの一番上に書いたのが、「私の2020年9月までの予定」という文字。そう、これは叶えたいことではなく、「予定」なのです。

「こうしたいな〜」を「こうなる！」に、少し気持ちを変えただけで、実現するスピードは確実に早くなるし、叶う可能性も格段に上がります。

「このノートを4人の旅行のたびに持ってきて、ワクワクする予定をどんどん増やしていこう。前書いた予定がどれくらい叶ったかも、お互い、報告できるしね」と決めました。また次回旅行するときには、今回書いた予定は、叶っていることもあるだろうし、また書きたい予定も、今は考えつかないものになっているはず。

叶えたい願いは「来週、美容院に行く♡」くらいの気持ちでいると、上手くいく。

失敗があるから最高の相手に巡り合える

「こうなる！」と未来を決めても、もしかすると少し進んだだけで、すぐに壁にぶち当たってしまうかもしれません。また、「始めてみたのに、なかなか上手くいかない……」と、落ち込んでしまうことも、もちろんないとは言えません。でも、そうしたときに「あー、やっぱり私はダメなんだ。この未来は目指せないんだ」とあきらめてしまうのは、とてももったいないこと。

なぜなら、失敗とは「結果」ではなく、単なる「過程」なのですから。

私は、恋愛でつらい思いをしたことがあります。私は大好きなのに、なかなか思うようにいかなくて、振り回されるばかりで、彼の電話を待つことがストレスになるような恋愛でした。

「こんなの、私らしくない」と、自分でピリオドを打ちましたが、「なんで、こんな結果になってしまったんだろう？」とか、「もっと上手くいく方法は、なかったのかな?」「私がどんなふうだったら、彼はもっと大事にしてくれたんだろう」と、つきあった日々が自分の失敗の連続だったような気がして、後悔ばかりしていました。

でも、そんな経験から、「今度つきあう人は、こういう人がいい」「次の恋愛は、こんなパートナーシップを築きたい」と、リアルにイメージできるようになりました。

それまでは、なんとなく「素敵な彼が欲しいな〜」くらいの願いでしたが、よりはっきりと、「自分にはこういう恋愛が合っている」ということがわかってきたのです。

そして、次に出会った人は自分の理想どおりの人でした。あの経験をしておかなければ、これほどはっきりとした理想をイメージできなかったと思います。そのときに、あの恋愛は「失敗」ではなく、「過程」だったのだなと思いました。本当に最高の相手を見極めるための「過程」です。

少しつまずいたくらいで、大げさに考えるのはもったいない。「これくらい、かすり傷じゃん」と、お気に入りの絆創膏でも貼って、テクテク歩き始めれば、また新たな道が現れる。

人生ってそんなもの。お気に入りの絆創膏を用意して、準備万端で出かけよう!

完璧を求めすぎて動けなくなっていない？

前作で私は、「軽く投げる」ことが、ビジョン実現にとってとても大切だとお話ししました。そう、みなさんは何かを始めるとき、初めに投げる一球が重すぎます。考えすぎて、なかなか一歩が踏み出せないのです。考えて考えて……結局、投げるのをやめちゃったという話を、何度も聞いたことがあります。

ここでまず言えるのは、**「考えても何もわからないし、何も始まらない」**ということ。考えても答えは出ないのです。

私はステップメールという機能を使って「7日間の無料メールレッスン」を配信しています。これはメールを配信するサービスで、配信者が購読者に定期的に読み物を送るメールマガジンに対して、ステップメールは、配信者があらかじめ7日分のメールを用意し、読者が購読を開始した翌日から7日間にわたって決まった時間にメールをお届けするというもの。

私は、このサービスを利用して、「自分を見つめる」ことをテーマにしたメールを無料レッスンとしてお届けしています。

これを始めるきっかけとなったのが、あるときお会いしたマーケッターの男性から、「佳実さん、なんでステップメールをやっていないんですか？」と言われたこと。ステップメールの存在は知っていましたが、メルマガもあるし、「そんなに必要ないかな」と思っていたのです。

でも、その方の話を聞いて、「よし、ステップメールも始めてみよう！」と思い立った私は、その日のうちに「7日間のメールレッスン始めます」と募集を開始。そしてその後、メールレッスンを1日分ずつつくっていったのです。通常、このステップメールを発信する人は、7日分のメールをすべてつくってから、募集を開始するようです。

私のやり方が正しいわけではありませんが、私は募集してから、つくる。これくらいの軽さで、一球を投げてみたのです。

みなさんが、軽く一球を投げられない理由は「失敗したらどうしよう」という思いが先行するからですよね。

でも、私のステップメールのように、ちょっと考えたら、すぐ投げてみて、投げてみてから、また考える。これを、実際にやってみると、実現するスピードが、ものすごく速くなります。というか、考えているだけでは実現しませんから、とりあえず投げてみるのです。

ついつい完璧を求めて、「失敗するかも……本当にうまくいくかな……」と考えすぎる気持ちは、すごくよくわかります。でも、

失敗は結果ではなく過程です。

たとえ失敗したとしても、その先、続けていればいつか成功します。

このマインドはラッキーガールの鉄則です♡

他人はあなたに無関心、だからもっと自由に!

この「軽く投げる」というお話をすると、みなさんから「佳実さんは『失敗しないかな?』と、心配になったりしないのですか?」という質問をよくいただきます。もちろん私も心配になります。

でも、私が一番心配になるのは、投げた後。

物事はすでに進んでいて、そのときに「本当に、大丈夫なのかな?」なんて、一人でひそかに心配しています。しかし、どれだけ心配しても、すでに事が進んでしまっているので、やるしかないのです。

そのときでも、「これは上手くいかないな、ダメかも」と思ったら、「やめる」こともできます。だから、始めるときのハードルを上げなくても大丈夫なのです。

「え!? でも、起業しますって言って始めて、上手くいかなかったらやめるなんて、恥ずかしいし……」と言う人もいますが、まず第一に、人は私がやることに、そこまで興味はありません。それに、「あの人〇〇で起業するんだって。経過をずっと見てよう」なんていう物好きな人は、そうそういません。せいぜい、すごく上手くいってから、「最近、活躍しているね！」と言われる程度です。

あなた自身もそうだと思うのですが、人はそんなに他人のことに興味がないのです。興味があるとすれば、自分と比べているときだけです。

だから、最初に始めるときにそんなに人の目を気にする必要はありません。万が一その始めたことが上手くいかなくて、まわりの人から「この前始めたこと、どうなったの？」と聞かれたら、「興味がなくなったから、やめたんだよ」と言うか、「新しい〇〇に興味が湧いたから、今はそっちをやっているよ」と言えば大丈夫。相手の人も「へー、そうなんだ」と、納得してすぐ違う話題になるでしょう。

ミラクルの方程式「投げる×軽やか」

私のサロンのスタッフが、こんなことを言っていました。

「私はもともと、石橋を叩きすぎて、渡る前に橋を割ってしまうような人間なんです。だから、なかなか球を軽く投げることができなかった。というか、まわりが石橋を叩きすぎる人ばかりで、それが普通になっていたんです。でも、佳実さんと出会ってから、軽く投げても心配することはないんだって思えるようになったんです。

最初はもちろん、なかなか投げられなかったけど、佳実さんの考え方を繰り返し自分の頭の中に刷り込むことで、それが普通になってきました。クセってすごいなって思います。簡単に投げられるようになったんですから」

もし、あなたが新しいことに身軽にチャレンジできないのだとすれば、あなたのまわりの人たちも、そう思っている人が多いのかもしれません。そんなときは、もうすでに夢を叶えている人、フットワークの軽い人の中に自分の身を置いてみましょう。そうすると、「なーんだ、軽く投げることなんて、たいしたことないんだ♡」と思えるはず。

まずは小さなことから練習してみましょう。なんでもかまいません。行ったことのないセミナーに参加してみる、普段は行かないパーティに行ってみる、自分の考えをSNSで発信してみる、一人旅をしてみるなど、今までのあなただったらなかなか踏み出せなかった一歩を、勇気を持って踏み出してみる。

そうすると、見える景色がガラリと変わります。たった一歩踏み出すだけで、自分自身が驚くほど成長したりするものです。まずは小さなことから、練習、練習。

「軽く投げる」をクセにしてみましょう♡

本当にやりたいことだとフットワークも軽くなる

講座やセミナーで、たくさんの生徒さんを見ていて思うこと。それは「本当にやりたいことが見つかり、その人のスイッチが入ると、驚くほど行動が早くなる」ということです。

私もそうでしたが、自分が好きなことやワクワクすることだと、やりたいことが次から次へと浮かんできて、「あれはどうだろう。これもどうだろう」と、アイデアがポンポン出てくるのです。

それがすべてヒットするかとか、成功するかとかは関係なく、そのアイデアをすぐに行動に移せるかどうかがポイントです。

でもこれも、それぞれのタイミングがあります。私の生徒さんで、私の講座に通い始めてから1年間、モンモンとし続けていた方がいました。彼女は会社員ということもあって、本当に好きなことをしていいのか迷いがあったのだと思います。そして、

「この道に進んで、本当にやっていけるのかな？　これで本当にいいのかな？」という思いが、彼女の行動にブレーキをかけていました。

でも、講座終了から6カ月後、彼女は30歳を過ぎていましたが、会社を辞め、「もう、好きなことしかしない」と心に決め、オーストラリア留学に旅立ちました。その後、オーストラリアでの素敵なライフスタイルや自分の気づきを発信することで、かたい殻が外れ「私が発信してもいいんだ！　好きなことをして幸せに生きていることを味わい、それを仕事にしてもいいんだ！」と心から思えたそうです。

そして、日本にいるときは、あんなに「あーだからできない、こーだからできない」と言っていた「やりたい仕事」も始めました。「これから生活するオーストラリアのホームステイ先は、WiFiも整っていないところですが、とりあえず『本当のあなたを見つけるコンサルティング』をスカイプで始めます。取り急ぎのお申し込み連絡先はこちらです」という言葉とともにメールアドレスがブログに記載されていました。

日本では、環境が整っているにもかかわらず、中々行動に踏み出せなかった彼女。ですが、自分らしくいられる土地へ行ったら、インターネットの環境が不安定であるにもかかわらず、彼女のペースでサラリと仕事を始めることができたのです。

私がずっと伝えたかった「自分らしく仕事をする」とは、こういうことだなと、彼女を見て改めて思いました。

幸せの形は人それぞれ。「東京で、しっかり稼ぎたい！」という人、家族との時間を一番にして、ゆっくりと仕事をしたいという人、海外の方が自分らしくいられるから、そのペースに合わせて働きたいという人。どれも素敵です。

なかなかうまくいかないのは、今のあなたが「あなたらしく」いられていないからかもしれません。

そんなときは、自分を見つめてビジョンに戻る。

自分は何が好きで、何をしたいのか。それをとことん突き詰めてみてください。そして、新しいアイデアが浮かんできたら、臆することなくやってみましょう！

そんな中で、自分を楽しませてあげることにフォーカスする。そうするうちに、どんどん自分のペース、自分らしさができ上がってくるのです。

モンモン期を経たから「未来が末広がり♡」に

これもある生徒さんのお話です。彼女はとてもかわいいものが好きで、手先も器用なので、クッキーにデコレーションするアイシングクッキーや、カラーの粘土でつくるマカロンタワーなどを作成することを仕事にしたいと思っていました。

それを始めるにあたり、勉強したりブログで集客したりして、生徒さんも来てくれていましたが、なかなか本腰を入れて、「これをやっていくぞ！」という気持ちになれず、「何かしたいからとりあえずこれをしているけれど、本当にしたいことなのかな？　どうなのかな？」という思いが拭い切れなかったようなのです。

そんな中、もっといろいろ試してみようと、カメラを習ったり、ほかのものづくり教室に通ったりと、彼女は何カ月も自分と向き合っていました。

そうしているうちに「こうやってモンモンとしていることをブログに書いて、同じようにモンモンとしている人と共感し合い、気持ちを高めていけばいいんじゃないかな」と、考えるようになります。そう、「モンモンとしたままで、別にいいじゃん！」と思ったのです！

それまで「このモンモン期から早く脱出したい！」と、モンモン期からの卒業に執着していた彼女。でもこの時期さえも愛おしく思えたとき、人生に革新が起きます。

彼女自身、モンモン期からの脱出に一番エネルギーをかけてきたからこそ、同じような時間を過ごしている人の気持ちが痛いほどわかる。だったらそれをビジネスにしてみたらいいと考えたのです。

「生き方がビジネスになる」とは、本当にこういうことだなと思います。

私にとっても、エネルギーを一番かけてきた「自分らしく、好きなことで働いて、豊かになること。ワークライフスタイルにこだわること」は、私の生き方でありビジネスです。

自分の生き方そのものがビジネスになる♡

「人生は思い通りになる」の本当のところ

何度もお伝えしているので、もう耳ダコかと思いますが、人生は思った通りになります。

人生、思い通り♡なのです。

ということは「思い」のところが要注意です!! だって、思い通りなのですから「思い」がそのまま現実になります。自分が何を考え、何を思うのか。それが未来にダイレクトにつながっていくのです。おもしろいほどに！

「思い通りになるなる♡」と笑っていれば、本当にそうなります。でも、「思いのまま」なので、「思い通りにならないじゃん」と思っていれば、本当にならないのです。ややこしいですが、本当に「思い通り」なのです。

私も昔は、「どうせ、私の人生って……」と悲観的なところがありました。そういうときは、おもしろくないことやため息をつきたくなるようなことが、たくさん起こりました。

今でももちろん落ち込むこともありますが、「思い通りになるなる♡」の思考なので、そんな自分とも上手につきあって「私の人生、最高！」と楽しめるのです。

ラッキーガールは「曖昧さ」と上手に付き合う

講座の生徒さんからこんな質問がありました。

「私が理想の女性像を思い描くと、毎日ベッドのシーツを洗って干せるような女性だったので、何が何でも毎日シーツを干さなきゃって思うんです。でも、それって私が本当にやりたいことなのか……ムリしちゃっている気がして。毎日、シーツを干す必要はあるのでしょうか？」

この話を聞いたとき、「どっちでも、いいんじゃないでしょうか……（笑）」と答えてしまいましたが、その考え方としては、

「毎日シーツを干さなければ、私は素敵な女性ではない」ではなく、「毎日シーツを干しても干さなくても、私はもともと素敵な女性！　お天気のいい日はルンルン気分でシーツを干しちゃう」というマインドに変えることです。

シーツを干そうが、干すまいが、「私は素敵な女性」だと自分自身が信じ切ることが必要です。その上で、気分のいい日にゴキゲンでシーツを干しているほうが、きっと素敵な女性に近づけるでしょう。

「〇〇じゃなきゃ、素敵な女性になれない」ではなく、**「もともと自分は素敵な女性で、プラスαすることでもっと人生を楽しめちゃうの♡」**くらいの気持ちでいることが大切です。

もちろん、毎日シーツを干せる女性は素敵です。私もそう思います。でもその「毎日シーツを干す」ということにとらわれすぎて、本当は干したくないのに、キゲン悪く干していたら、元も子もないですよね。

いつもゴキゲンに、その日の気分に合わせて♡素敵な女性はしなやかさが大事です。

かわいい勘違いが幸せを呼ぶ

私の両親は、私と妹のことを幼いころから、「私たちの子どもにしては、本当に上出来!!」と言って育ててくれました。過保護というわけではないのですが、でも、ことあるごとに「すごいね〜、びっくり」と言ってくれました。

その言葉を聞いて育った私は、「私って、もしかしてすごい!?」と思ったりしたものです。中学生くらいになるにつれ、自分は普通だと気づきましたが（笑）。

でも、そう気づいてからも、両親に「すごい!」と言われ続けているうちに、「やってできないことはない! 私の可能性は無限大なんだ!」というマインドが、潜在的に刷り込まれていったように思います。

また両親は、私たち娘のやることに反対することがほとんどありませんでした。「佳実が言うんだから、きっとそうなるね!」と、いつも応援してくれたのです。私には現在、子どもはいませんが、もしできたら、そうやって子どものやろうとすることには反対せず、「かわいい勘違い」をさせながら育てたいなと思っています。

でも母親に、「子育て論とか勉強して、意図的にそう言ってたの？」と聞くと、「え!?だって、自分たちの子にしては、昔からできる子だよな〜って、本当に思ってたんだもん。今でもお父さんと、しみじみそう言ってる〜」と言っているので、特別に何かの子育て法を聞いてそうしたということでもないようです。

理由はともあれ、今自分が「私はできる！」というマインドでいられるのも、両親がそうやって育ててくれたおかげだと思っています。

誰かに認められるより「自分が楽しい」を優先！

もう一つ、母から教えてもらったことで、印象に残っていることがあります。幼いころ、友人関係がうまくいかなくて悩んでいたとき、母にこんなことを言われました。

「半分の人が佳実のことが好きと言ってくれるなら、半分の人は嫌いと思っているのが普通だよ。だから、気をもむことはないよ」

半分の人が嫌いというのは、ちょっと言いすぎだとは思いますが、「全員に好かれたい！」と思って自分らしさを押し殺すよりも、「私は私。私のことを好きって言ってくれる人も、そうじゃない人も、いて当然！」と思ったほうが、人生、楽しめるというものです。

私は前著が出版される前、それまでより多くの人に自分の考えが広まることをとても嬉しく思うのと同時に、恐れてもいました。それまでは自分のことを「好き！」と言ってくれる人だけの意見を聞くことが多かったのですが、「偶然本を手に取って私のことを知る人も多くなるだろう。そうなると、批判もくるんじゃないか」と、新しいステージを前に、今まで味わったことのなかった恐れを感じたのです。

それを母に話すと、こう言われました。

「佳実って、人から認められたくって、今まで生きてきたの？　本って、楽しいから書きたかったんじゃなかったっけ？　人から認められたかったんだっけ？」

その言葉に、私ははっとしました。

そうだった！　私は人生をより楽しむために本を出したいんだった！

それなのに、人にどう思われるかということばかりに気をとられていました。世の中にはいろいろな考えの人がいて、私の考えと違う人もいるでしょう。そういう人の言葉を気にして、自分の人生を楽しめなくなるなんて、本末転倒ですよね。

批判がこわいから「本を出さない選択」をするということは、「ゴールを外したら批判されるかもしれない」といって、すごいテクニックを持ちながらも日本代表を辞退するサッカー選手のようなものだと思いました。

私のパートナーがくれた言葉も印象的でした。

「そんなの気にしたって、仕方ないよ。神様を批判する人だっているんだから」

やっぱり、私は私の人生を思いっきり楽しまなきゃ♡と思うのです。

ミラクル美人を作る「私に生まれて良かった♡」

私は自分が嫌いでした。というか、自分の外見が嫌いでした。「もっとかわいくなりたい」と病的に思っていたのです。

今考えると、いろいろなことを自分の外見のせいにしていた気がします。

✚モテないのは、かわいくないから。

✚人間関係がうまくいかないのは、きれいじゃないから。

そう思っていた学生時代は、今のように人生が上手くいきませんでした。

今は「私に生まれてよかった」と心から思えるようになりました。そうなれたのは社会人になってからです。自分の生きる道を選択できるようになると、自分のこともだんだんと好きになりました。

大人になると自分の生きる場所を決めることができます。子どものころとは違い、自分の好きな場所で、好きな人たちと、好きなことをする選択が自分でできるのです。

自分の好きな場所を選び、その場所で生きることで、「私は私でよかったな」と少しずつですが、自分を楽しめるようになっていきました。

自分の場所として「起業」を選んでからは、前にもお話したとおり、自分と向き合う時間が一段と増えました。自分が何を求めていて、どうなりたいのか。何が好きで何が嫌いなのか。そんなことを毎日のように考えていたら、自分の好きな場所で好きなことがどんどんできるようになっていったのです。

そう、私のコンセプトでもあるこのフレーズなのです。

好きなことを、好きなときに、好きな場所で、好きなだけ♡

自分の「好き」を基準に生き、働くことで、外見を褒められることも多くなりました。昔の私からすれば、考えられないことです。

人は自分の好きな場所にいるときに、一段と輝きます。スポーツ選手がスポーツをしているときが一番カッコよく見えるように、彼が働いているときは3割増しに良い男に見えるように、私たちも自分が一番好きで心地よい場所にいると、自ずと輝くのです。

そんな楽しい毎日は、「私に生まれてよかった」という心からの感謝の気持ちを生んでくれます。そして、自分をとびきり美人にしてくれるのです。

心から安心する、だからぜんぶ上手くいく

私が「自分の人生に心から安心した」後に起こったミラクルは、主に恋愛関係でした。そして仕事も、その後どんどんよい方向に進むようになったのです。

まず、一人でやっていたサロンをチーム化し、スタッフと仕事をするようになりました。仲間が増えるだけでなく、豊かさを分け合い、私の収入も増えていきました。

私がこの章で一番お伝えしたいことは、

自分の人生に、心から安心する

ということ。だって、人生は自分の思ったとおりになるのだから、心配する必要はないのです。ここで「そんなわけないよ」と思ったのなら、それが現実になります。

人生って、本当に単純です。

先ほども言いましたが、「こうなる」と決めて、本当にそれが実現するまでには、タイムラグがあります。これは「時間」という概念があるこの三次元に生きている限り、どうしようもないことです。

だったら、その「タイムラグ」＝「過程」すら、楽しみたいと思いませんか。その過程こそが、私たちを成長させてくれると思うのです。

ワークタイム

自分のよいところをたくさん書いてみよう

外見＝

内面＝

今、自分に「ある」ものを数えてみよう

第1章で決めた理想の未来を一緒に生きるパートナーのイメージを、具体的に書いてみましょう（これは現在、特定のパートナーがいる場合でも、とても効果があります。今のパートナーが理想通りにみるみる変わったりしますよ♡）。

第3章

満たされる

〜これこそがミラクル最大のカギ！〜

安心して大きな扉を開け、理想のステージにたどり着いた！

でも、そのステージに来たら、また新たな理想のステージを目指したくなる。


「あんなすごいところに行くなんて、ムリなのかな」

「私があのステージに行くなんて、分不相応だよね」

「あと、何をどうしたら新しい扉が現れるの？」


また「足りない」を数えていない？

答えは簡単、今の人生に心から満たされればいい。

そうすると、見たこともないステージの扉が現れる。

それは、あなたの想像を遥かに超えるすごいステージ。


今度のミラクルは、史上最強。

「好き」を信じればやりたい仕事になっている

昨年の今ごろ、私は自分の働き方をどうするかで煮詰まっていました。現在は、生徒数200人規模のセミナーを開催していますが、1年前は自分のオフィスにギリギリ入れる人数、8人くらいを定員にして、定期的に1日の集中講座を開いていました。それより少し前は、とにかく2~10人の小さいセミナーをたくさん企画して、オフィスやカフェで開いていました。

5年以上前から続けているパーソナルスタイリストの仕事は、昨年の今ごろ、スタッフが完全に引き継ぎ、自分はワークライフスタイリストとして活動していました。サロンのスタッフも増え、講座やセミナーを企画すればいつも生徒さんが来てくださり、私が描いていたビジョンは、すべて叶っていたはずでした。

でも、実は「まだ見たことのないステージに行きたい」という思いが強くあったのです。しかしそのステージに行くには、どうしたらいいのかわからない。手段も思いつかないし、きっかけとなりそうな入り口さえ見えないと、ずっとモンモンとしていました。これも、れっきとした「人生のモンモン期」です。

そのころ私は、「枠を外す」という言葉をいろいろなところで耳にしていました。枠を外すとは、自分自身に対する思い込みを無くすということ。「私はこれくらいかな」と自分に制限をかけるのではなく、「こうなったら最高！」と、自分の思ったとおりに未来を思い描くというのも、枠を外すことの一つです。

しかしそうはいっても、「私はこれくらいで限界なのかな」というのが、いつも頭をよぎっていました。

当時私は、起業の相談に乗るコンサルティングをしたり、起業の手順を伝える講座を開いたりしていたのですが、それよりも、自分のやってきたワークライフスタイルを多くの人に伝えたいと考えていました。そう、自由に働いて、思い通り自分の人生を楽しむことを多くの方とシェアしたいと思っていたのです。「それを発信してビジネスにできたら、どんなにいいだろう」と思いにふける日々。

もちろん、ブログやメルマガで毎日、自分の考え方やライフスタイルを発信してはいたのですが、あくまでもそれは集客ツールであって、直接ビジネスになることではありません。「ブログを書くだけでビジネスになったら最高」といつも思っていましたが、「発信するだけで、どうやって収入につなげればいいの？」と、マーケティングが得意な私だからこそ、先の見えないビジネスモデルにものすごく悩んでいました。常識的に考えて、「人に教える」ということでしか、収入にならないと思い込んでいたのです。

そんな私も女性の新しい生き方・働き方を伝える仕事、自分のワークスタイルをモデルとして「こんな働き方もありますよ、どうですか？」と発信していく仕事に、今、少しずつですが、近づこうとしています。

あの日、気心の知れた友人に語った私の理想ステージの扉は、ある日、目の前に現れ、私はその扉を開けることができたのです。

それまでは「もうムリなんじゃないか」とか、「私ごとき普通の人間が、何を言っているんだろう」などと思った時期もありました。「目の前のことに集中して、今を楽しむ」と自分に言い聞かせながらも、モンモンとしている時期がたくさんたくさんあったのです。

でも、小さな扉を一つずつ開けて、その時々のステージを楽しみながら味わい尽くしているうちに、私の理想のステージの入り口のドアが姿を現しました。

みなさんの理想のステージも、もしかしたら、今はどこにあるのか、どっちの方向に進んだら見えるのか、わからないかもしれません。でも、今目の前にある扉を開け、そのステージを味わい尽くせば、次の扉が現れます。焦らずに、あきらめずに、理想の扉が現れることを楽しみに待っていれば、必ず、その日はきます。

でも、その扉のことばかり考えたり、現れないからといって「自分にはムリだ」とか「そのステージじゃないと自分は幸せじゃない」と執着していると、いつまでたっても現れません。

理想のステージに行くためのコツは、今いるステージを心から楽しむこと。その場所に心から満足すること。

そうすると、次の扉が必ず現れるのです。ウソだと思ったら試してみてください。まずは心から満たされてみる。「今の自分が最高！　もう、望むことは何もない」、そう思ったときに、次が現れるのです。

「執着を手放したとき、願いが叶う」とよく言いますが、それはこのことだと思います。ぜひ、みなさんも、今の状況に心から満たされてみてください。

「いつかしたい」ことは今すぐやればいい

私が昨年悩んでいたときに、主催していたコミュニティ「アクチュアルミー」が縁で出会ったのが本田晃一さんです。晃一さんは本も出版なさっている、売れっ子の経営コンサルタント。考え方がとても柔軟で、枠がなく、楽しみながらどんどん理想を現実化されています。なんと奥様と二人、ファーストクラスで世界一周をするというすごいことをサラリとやってのけてしまう、でもとっても親しみやすい方です。

そんな晃一さんに、私のモンモンを相談してみました。

「私は、もっと違うステージに行きたいと思っているんです。私の働き方・生き方を発信してそれを共感してもらえるようにして、それがビジネスになるようにしたい」

すると晃一さんは、言ったのです。

「だったら、そうすればいいじゃん」

私は「は？（笑）」となりました。

いや、したいけれど、できないから聞いているんですよ。と思いました。でも、晃一さんは、

「したいなら、そうするしかないよね」

と、繰り返しました。

私は一応、納得した顔はしたものの、そのときはすぐに理解できませんでした。でも、だんだんと晃一さんに言われた意味がわかってきました。


「いつかしたい」ということは、「今、すればいい」のだと。

そう言われ、「思いつくことからやってみよう!」と思った私は、すぐに7人定員でやっていたセミナーを、大きな会議室を借りて、40人定員にしたのです。そして、主催者もつけました。それまでは、自分が主催者として、内閣総理大臣夫人の安倍昭恵さんや、作家の浅見帆帆子さん、栄養士のエリカ・アンギャルさんなど著名な方をお呼びしてイベントを開催してきました。

でも、そのころ思っていたのは、「私もあちら側に行きたい」ということ。主催する側ではなく、講演者側になりたいと思っていたのです。だから、主催者をつけた後は、会場手配から、申し込み管理、参加者の方への連絡まで、すべてそちらに任せ、私は当日の講師役と集客の一部に専念できるようにしました。

すると、それがとてもうまくいったのです。最初は「40人なんて、本当に集まるのかな……やっぱりやめておこうかな……」と弱気でした。でも、「私の次のステージなのだ!」と覚悟を決め、進めてみるとすぐに満席になり、講演者として専念したそのセミナーは、私にとってはとても楽しく、自分の気持ちにものすごくしっくりくるものとなったのです。

この経験をして、私は新たに「自信」がつきました。

次のステージに進みたいなら、目の前にある扉を開けてみたらいいのです。

ただ足踏みしていても、何も変わりません。「よしやろう！」と決めたとき、すぐ目の前には小さな扉ができます。その扉を開けるのは、たしかにこわい。今いる場所は、安全です。傷つかないし、失敗することも少ないでしょう。

でも、そこからじゃ、新しい景色は見えない。新しい場所には、何が待ち受けているかわからないけれど、とりあえず扉を開けて進んでみる。その後のことは、それから考えてみればいいのです。

「いつかやりたい♡」と思っていることは、今こそやるべきです。

みんながいてくれるから楽しい仕事ができる

その後、私はセミナーの定員を50人、80人と少しずつ増やしていきました。そんな中、今まで経験したことのない感覚を味わうことになるのです。

その日の私の日記を紹介させてください。

◎2015年2月17日
今すごく、思いどおりに人生が進んでいて、幸せに包まれている。

たくさんの人にブログを読んでもらって、毎日たくさんの人がメルマガに登録してくださって、
セミナーはすべて満員御礼。

自分が一番思い描いていた形で仕事ができている。

本当に、本当に幸せ、豊かさが溢れ出す。

あー幸せだ♡たまらん♡本当に感謝だ。

自分が何をするべきなのか、どこのポジションにいるべきなのか、はっきりとわかってきた。

これはまわりのみんながいてくれたから。みんながいてくれることで、自分のいるべきところがわかる。

以前、ビューティリアを株式会社にして、アクチュアルミーの部門もその中につくろうとしていたけれど、あれは本当に不適材不適所だったな。私は人を管理するのには本当に向いていていない。力、発揮できず。

これからはみんながいて、自分の力が一番発揮できて魅力を出せる場所で、みんなと豊かさを味わおう。

前のセンテンスでお伝えしたように、1年前の私はモンモンとして「何かが足りない」とずっと思っていました。でも、本田晃一さんにいただいた言葉から、「とりあえず、したいことをすればいいんだ」というマインドに切り替えることで、本当に満たされたのです。

このとき、適材適所の意味も、ものすごくよくわかるようになりました。みんながいてくれるから、私がこんなに楽しい仕事ができるんだと、心からまわりの人たちに感謝しました。

こんなに楽しい幸せな仕事をさせていただいて、本当に幸せ！　私は満たされている!!　望むことはもう何もない……そう思いました。心から満たされた瞬間でした。

「もう願うことはない」ときに起きた大奇跡！

心が満たされてから3日後の2月19日の新月のことです。いつもだったら新月にはお気に入りのノートに10個のお願いごとを書くのに、完全に満たされてしまった私は「もう、望むことは何もない。書くお願いごとが思い浮かばない」と、初めてお願いごとを書きませんでした。

でも、私が新月のお願いごとを書くようになってから、毎月欠かさず書いていたのに、まだ達成されていないことが一つありました。それは「本の出版」です。

これまで書いてきたお願いごとのうち、本の出版だけは叶っていなかったのです。それがすごくもどかしかったし、私にはやっぱりムリなのかなという思いもありました。私にとって本の出版は、ずっと夢に見ていた「理想のステージ」。そこにつながる扉は、いくら前に進んでも、影さえ見えませんでした。

でも、そのとき心から満たされていた私にとっては、ずっと願い続けていた「本の出版」でさえ、もうどっちでもいい、「叶っても叶わなくても、どちらでも私は幸せで満たされている」という気持ちになっていたのです。


ところが、そんな私に、すごいミラクルが起きます。新月のお願いごとを初めて何も書かなかった日から5日後のことです。なんと、出版社から、私の本の企画を編集会議にかけてくれるという連絡があったのです!! 2月24日のことでした。

出版社の編集担当の方に、「明日が会議なので、明日か、明後日には正式に結果をお知らせします」と言われました。明日か、明後日というと25日、もしくは26日。

私はカレンダーを見ていました。

「うん? 違う、明日でも、明後日でもない。決まるのは絶対に明明後日の27日だ」と確信したのです。

なぜかというと、私は目には見えない大きな力に対して、「こっちの方向で間違いないですよ」ということを知らせてもらうサインとして、私の誕生日である7月22日の数字を組み合わせた「722」や「227」を見せてくださいと、心の中でお願いしてきたからです。

これは、10年以上前からファンである浅見帆帆子さんの著書『運がよくなる宇宙からのサイン』（ダイヤモンド社）に書かれている方法で、帆帆子さんは、大きな力に対して、「1111」という数字を見せてくださいとお願いをしているそうです。だから私も、それを気軽な気持ちでやってみました。そうすると、おもしろいことに「うまくいっているな〜」というときには「722」や「227」の数字を見るのです。

そんなこともあって、平成27年2月27日というカレンダーの数字を見たとき、「この日に間違いない」と思いました。


この感覚は、前の章でお伝えしたパートナーとつきあう前のあの確信した気持ちとすごく似ていました。でも、やっぱり本当に決まったわけではないから不安でもありました。

すると案の定、25日、26日は連絡がなく、27日を迎えました。27日と確信していたけれど、一応、出版社の担当者からは「明日か明後日には連絡します」と言われていたので、「やっぱりダメだったのかな……」なんていう気持ちもよぎりました。

27日は、友だちとランチの約束をしていました。ランチをしながら、出版社からの連絡を、今か今かと待ちわびていた私。しかし、ランチの時間が終わっても、お茶の時間が終わっても、連絡はありませんでした。

友人と別れ、夜は女社長仲間とお寿司屋さんへ。その店の電話番号の末尾が「7722」だったので、心の中で「よしよし」と思ったりしましたが、その会食が終わっても、連絡はありません。その後、2軒目にカフェに入りましたが、そこでも連絡はなく……「ダメだったんだなぁ」と、ちょっと肩を落としながら帰宅した私……。

「あーあ」と思いながら、自宅のソファに横たわったとき、電話のベルが！　急いで出ると、「通りました!!」という担当者の声。時計を見たら、23時53分。本当にギリギリでした。

でもそのときは、興奮と安心感と、なんとも言いようのない幸福感に包まれました。

人生とは、本当におもしろいものだなと、心から思いました。そして、「思った通りになる」をまた確信したのです。

満たされた瞬間、スルリと願いが叶っている!

「足りない」「もっともっと」と思っているときは、本当に叶えたい願いは叶いにくいものです。今の自分に満足し、心からまわりに感謝した瞬間、すべては思い通りにいくのです。

私も、「感謝が大事」「満たされることが大事」というのをさんざん聞いてきましたし、本でも読んできました。でも、やっぱり、ムリやり満たされるということはできませんでした。もちろん、「今が幸せ」と、その時々で感謝していたし、感じていましたが、「望むものは、もう何もない」とまでは思えなかったのです。

では、満たされるためには、いったいどうしたらいいのでしょうか。それは、自分に「ある」ものを徹底的に数えるのです。

そして、もう一つ、「したいことは、今すぐやってみる」。これを実行すること。

そうすることで、今までに味わったことのない幸福感や満足感を味わうことができます。目の前にある扉はサラリと開ける♡　そうすると、違う景色が見えてきて、また新しいドアが現れる。

それを繰り返していると、どんどんステージが変わっていき、「心から満たされるステージ」へと、いつの間にか足を踏み入れているのです。

すると、自分が本当に理想としていた、理想のステージへの扉が、あなたの前に「ででん」と現れます。

それが現れたとき、あなたはその扉をサラリと開けられる、そんな自分になっているのです。

セルフイメージUPは「身を置く場所」次第

生徒さんと話をしているときのことでした。

その生徒さん（Aさん）は、自身の経験とこれまで得た知識を生かして、自らのブログで「外見に自信がない……」という女性たちに向けて、考え方や行動のアドバイスをしていました。でも、いずれそれを仕事にしたいと考えつつも、なかなか一歩が踏み出せなかったのです。ブログを書くのは好きだけど、「私なんかが、誰かの相談に乗ったりできるのかな……」と、いつも不安そうでした。

「だったら、少人数の人を集めて、お茶会から始めてみたら？」とアドバイスしてみても、「私になんて、わざわざ会いたい人がいるんでしょうか？」と彼女。自分のセルフイメージ（自分が考える自分自身の価値）がとても低かったのです。

「もっとセルフイメージを上げていこうよ」と、Aさんに何度もアドバイスしましたし、私やほかの人から見たAさんのよさや価値も、たくさん伝えました。それでも、なかなか自信が持てないという様子でした。

その後、一緒にいたほかの生徒Bさんが、自分の最近のことを話し始めました。

「最近気になる彼がいて、彼も私のことをいいと言ってくれて、誘ってくれるんですが、飲み会の席で、ほかの子にもちょっかいを出しているのを見て……。彼はそういう人なんですかね？」

Bさんはそう言いながら笑っていました。

しかし、それを聞いたAさんが憤慨して「私だったら、そんな男性がいたら『私のこと、なんだと思ってるの!?』って、文句を言います」と言ったのです。その勢いは、先ほどのセルフイメージが低いAさんからは考えられないものでした。そして言うのです。

「私、男性には強く言えるんです。私だけを愛してくれない人なんて、速攻、さよならです。あと、初デートでモジモジしている男子とか、即、注意します」

Aさんのセルフイメージが、格段アップしていました。

Aさんに、「さっき、あんなに低かったセルフイメージが、ものの5分で、ものすごく高くなったよ」と言うと、彼女もびっくりしていました。自信に満ちあふれるAさんに向かって、男性を対象にした恋愛アドバイスに仕事を変えてみたら？　と、私がアドバイスしたのは言うまでもありません。

このとき私は思いました。「セルフイメージを上げる」「自分で自分の価値を上げる」とは、よく言いますが、今の自分のままでも、身を置く場所を変えるだけで、そして、相手となる人を変えるだけで、これだけセルフイメージが上がったり下がったりするのだと。

たとえば、サラリーマンの方で、会社の中ではいつも「自分なんて……」という感じでセルフイメージが低いけれど、行きつけの飲み屋さんでは「俺についてこい！」と、会社とはまったくイメージの違う人っていますよね？

これと同じように、身を置く場所によって自分のセルフイメージは上がったり下がったりするのです。

自分の身を置く場所は自分で選ぶことができるのだから、セルフイメージがより高くいられる場所にいることが大事です。

これは、傲慢になったり、偉そうになったりすのがいいと言っているのではありません。自分らしく、自信を持って楽しく生きられる場所を自分で選んでいいということです。その心地よい場所は、人によって違うでしょう。

自分が一番輝ける場所を、ぜひ見つけてください。

自分が「綺麗に咲ける場所」を探そう!

自分が一番心地よくいられて、高いセルフイメージが保てる場所。静かなワクワクした気持ちがずっと続く場所。

そんな場所にいると、人生がおもしろい程にうまくいくようになります。私が起業してからのほうが、人生がうまくいったように、そして大勢の人の前で話すことを選んで満たされ、願いが叶ったように、ミラクルがたくさん起こるようになるのです。

そのために、まずは自分に正直に、そのとき行きたい方向に進んでみることから始めましょう。そうすれば、いろいろと試行錯誤するうちに、本当に自分が行きたかった理想の場所にたどり着けます。

私もここまで来るのに、たくさんの寄り道をしました。ストレートにこの場所に来られたわけではありません。

みなさんもぜひ、今一番心地よい場所で、まず楽しんでみてください。それが「咲く」ということです。そうすると、次はもっと大きく咲ける場所を見つけられ、その場所の扉が見えてきます。

でも、今の咲き心地にそこそこ満足していると、「これくらい咲けているから、このままでいいかな。次の場所に行ったら、本当に咲けるかわからないし」なんて、次に進むことがこわくなるかもしれません。でも大丈夫。もしダメでも、また戻ることもできるし、新たな次の場所も用意されるでしょう。

私は、置かれた場所で咲くよりも、断然「自分が咲き誇れる場所に移動すること」がモットーです。

自分が心地よく大きく咲けていると、ほかの咲いている人たちと自分を比べることがなくなります。「私はひまわり、あなたはバラ。どっちもキレイだね」と思えるのです。それぞれの魅力があるのに、相手に嫉妬して比べるなんて、もったいない。

そんなことよりも、自分が楽しく、心地よく咲くことに集中したほうが、人生はよっぽど楽しいのです。

ステージのドアは「手放した瞬間」ひらく

私は20代半ばから司会業をはじめ、主に結婚披露宴の司会をしていました。司会の仕事は、起業してからは少しずつ減らしていきましたが、最後まで、自分が主催している著名な方のイベントの司会は積極的にしていました。

司会という仕事がそのときの私の役割であったことはもちろんなのですが、著名な方のファンが会場にたくさん集まっているので、自分の顔を売るチャンスだとも思っていたのです。

本を出版してからも、人気カウンセラーの心屋仁之助さんの講演会をさせていただいたので、「司会はぜひやろう!」と張り切っていました。でも、その心屋さんの講演会の3週間くらい前に自分のセミナーがあったんです。初めて100人規模のセミナーを開催しました。そのとき、プロの司会者が進行をしてくれました。

司会者の「宮本佳実さんです。どうぞ」の掛け声で私は会場に入場しましたが、その瞬間に、「あぁ、もう司会の仕事は手放していいかもしれない。卒業かもしれない」と思いました。たしかに、心屋さんの講演会で司会をするという大義名分は魅力的です。それを最後にしようかなとも思いました。いや、でもここで手放そうと心に決めたのです。

思い切って手放してみることも、ときには必要です。手放した後、私は自分のセミナーやパーティで司会者の方に進行してもらえるという、とっておきの未来をすんなりと手に入れることができ、やっぱりこの場所が心地よいと思うことができました。

心屋さんの司会を私が手放したことで、友人のプロ司会者である高畠久美ちゃんが代わりを務めてくれたのですが、彼女は「講演者の魅力を司会で引き出すのが、たまらなく好き！」と言っていました。私は逆に「自分の魅力を引き出してほしい」と思っています（笑）。

彼女の言葉を聞いたとき、こういう思いの人が司会の仕事をするべきだと、心から思ったのです。私が一つのことを手放したことでエネルギー循環ができて、まわりの人たちのところにまでいいエネルギーが流れているようです。

豊かさを分かちあうときにミラクルが起きる

私は司会のほかにも、今までいろいろなことを手放してきました。まずはパーソナルスタイリストの仕事。これを手放すのにはかなりの時間と勇気を要しました。なにせ、独身一人暮らしのフリーランス。この仕事で食べていたので、本当に手放してしまったら、これから生活していけるのか、「新しい働き方」を発信していく仕事で本当に食べていけるのかという不安が幾度となく襲いかかってきました。

でも、そんなときは「豊かさを分け合うマインド」と「手放す」のマインドを一緒に使うとうまくいきます。

「これを手放すことで、スタッフと豊かさを分け合えるんだ!」と、いつも思うようにしていました。手放した瞬間は不安も襲ってきますし、現実的な実入りも減ることが多い。でも、豊かさを分け合えば、後に倍々になって自分に返ってくることがわかっていたので、どんどん手放すことができました。


また、友人の赤土千恵ちゃんとともに立ち上げた「アクチュアルミー」も、一緒に代表をしていた千恵ちゃんにすべてを任せることにしました。このコミュニティは著名人の方を呼んでイベントやセミナーを開催するもので、千恵ちゃんと一緒に切磋琢磨して数々のイベントをこなしてきました。

本屋さんや美容院、カフェなどに飛び込みで「チラシを置いてください」と回ったり、今ではあまり連絡を取っていない友だちにも「こんなイベントをやるんだけど」とメールをしたり、フェイスブックやブログで「くどいのでは?」と自分たちが思うほど告知をしたり……思いつくことは全部やって、それでも赤字だったり、思ったように集客できなかったり。また、ときには泣きそうになったり、「もうやめたい」と何度も思いながら、いろいろなことを乗り越えてきました。

そしてアクチュアルミーがようやく形になったとき、私はイベントを主催する側ではなく、呼んでもらう側になりたいと思い、「アクチュアルミー、辞めてもいい?」と千恵ちゃんに言いました。今では、代表という形ではなく、友人としてアドバイスしたり、私がアクチュアルミーから講演料をもらう形でイベントを主催してもらったりしています。

もちろん、私もアクチュアルミーで利益をあげていたので、手放そうとしたときは、まわりの人に、「そんな、もったいないことを!」と言われたりしました。

でもね、私がやめてからのほうが、アクチュアルミーは千恵ちゃんの本当の居場所になったし、私も思う存分「主催される」ということを味わえるようになりました。自分が自分らしくいられる場所に、お互いが進むことができたのです。

以前、二人で話しているときに、千恵ちゃんがこんなことを言っていました。

「私たち、お互いの道に進んでからのほうが、断然うまくいっているね」

本当にそうだなと思いました。もちろん、一緒に切磋琢磨したあの日々があってこその今だと思うし、私も人のイベントを主催したことで、「こんなふうに大きなイベントを主催してもらえるくらいの存在になりたい！」と、ビジョンが明確になりました。お互いに「心地よい」場所を見つけ、進化しているのです。


自分が好きなことを好きな場所でやることで、まわりのみんなも幸せになるのです。

手放す勇気が「ミラクルな引き寄せ」を呼ぶ

先日、こんなことを聞かれました。

「佳実さんって、何かを手放したいとき、どうしていますか？　コツはあるんですか？」

質問をした彼女は恋愛関係に悩んでいて、宙ぶらりんな関係の彼を手放したいと思っている。でもなかなかその決心がつかないということでした。私にももちろんそんな経験があります。「好き」という気持ちがあると、なかなか手放せないものです。
でも私は、こんなふうに考えます。

手放せば、もっといいものが入ってくる。

なかなか単純にはいかない問題ですが、私はムリやり自分に言い聞かせて、自分から別れを決心します。手放した直後は後悔したり、「もう戻れない」と悲しくなったりするのですが、手放した分だけちゃんと、その彼より自分にぴったりの彼が引き寄せられてくるのです。前の彼を手放していなかったら、理想の彼を引き寄せることもできないでしょう。だって、前の彼のことばかり考えていたら、素敵な彼が近づいてきても気がつかないかもしれないのです。ほかの誰かを想いたくても、なかなか新しいほうに向くことができません。

もちろん手放すのには勇気がいります。**でも、恋愛も仕事も、手放したときに勇気を出した分だけ、大変だった分だけ、大きなものが引き寄せられてくるものなのです。**

素敵な自分になるために、理想の新しいステージに進むために、今手にしているものや執着していることを、少しずつ手放していきましょう。身軽なほうが、何事も軽やかに進めるのです。

大人になった……だから「親友」ができる

私は友だちがそんなに多いほうではありません。親友と呼べる人はさらに少なく、二人です。もちろん、いろいろな人とランチをしたりお話をしたりするのはとても楽しいのですが、ふとしたときにすぐ連絡ができる相手、たとえば、自分が何かを考えていてその答えが見つかったときや、気づきがあったときなどに連絡できる人は、とても少ないです。

もちろん学生時代からの友だちとも連絡をとったり、たまに会って近況を報告し、楽しい時間を過ごしたりますが、頻繁に話す相手や先ほど言った二人の親友は、学生時代からの古いつきあいではなく、大人になってから、それも起業してから出会った人たちです。

今思うのは、大人になってからでも親友はできるのだなぁということ。

学生時代とは違って大人になると、環境や考え方が異なる人とは自然に距離が離れていく気がします。それは悪いことではなく、自然なこと。また時期が来て再会し、前よりも仲よくなることもあるでしょう。人と会わなくなること、離れることを、あまり気にする必要はない気がします。

そんな関係に、昔は気をもんだり悩んだりしていましたが、人と人とのおつきあいも、軽やかさが大事なのではないかと、最近では考えるようになりました。


人間関係で悩んでいる方も多いと思いますが、もっと物事をシンプルに考えてみるといいかもしれません。会社に苦手な人がいるけれど、同じ職場だから縁を切るわけにもいかない。そんなときも、「会社だけの関係だし」と割り切って考えると、少しスッキリします。

そして、自分はその人の何がイヤなのかを、少し離れたところから客観的に見てみるのです。そうすると、「この人は、こんなことを言って、子どもだな」とか、「いつもプンプンして、エネルギーがあり余っているのかもな」なんて、別の見方ができるようになります。

苦手な人のエネルギーに自分が影響されてしまうなんて、そんなもったいないことはありません。人は人、私は私。自分の軸をぶれさせずにしっかり生きていると、人のキゲンや態度にも惑わされなくなります。

仲よくできる人と、仲よくすればいい。大人は、働き方も、生き方も、つきあう人も、自分で選べるのです。

自分より「幸せを喜んでくれる」親友

私の親友の一人に、司会事務所を経営している奥井真実子さんがいます。彼女は私より10歳年上のお姉さんですが、私のことを子ども扱いせず、年上だからといって威張ることも一切なく、対等におつきあいをしてくれています。

彼女と出会ったことで、私の人生は大きく変わったように思います。私より何年も先に起業し、人脈もものすごく広い彼女に、本当にたくさんのことを教わり、たくさんの人と出会わせてもらいました。

私が奥井さんを一番尊敬するところは、**人の幸せを自分のことのように喜べるところです。**私にパートナーができたとき、本の出版が決まったとき、私以上に喜んでくれたのが母と奥井さんでした。もう、本人である私がびっくりするくらい、喜んでくれます。

私もこんな女性になりたいと、いつも思わされる素敵な女性です。

奥井さんは事務所を経営するだけでなく、自身も司会者として現役で活躍していきます。彼女のブライダル司会に対する思いは相当なもので、ブライダルの勉強のためであれば東京でも九州でも行ってしまうほど。司会歴15年以上、施行数1000組以上の大ベテランにもかかわらず、行動力があって、本当にすごい。

私が司会の仕事をまだしていた頃のことです。私は披露宴の司会の仕事が終わって帰宅し、自宅のソファでくつろいでいました。奥井さんからの電話が鳴ったので出てみると、「佳実ちゃん、今日披露宴の仕事だった？　どうだった？」と聞かれたので、「え、いつもどおり普通でしたよ」と答えたら、「え!?　結婚式の仕事をしていて、普通なんてことある？　毎回、感動ポイントばっかりじゃない？」と言われたのです。そのときに、あー、こういう人こそが、この仕事をするべきだなと思いました。仕事に対するエネルギーが違うのです。

奥井さんは大ベテランにもかかわらず、お金を払ってでも結婚式の司会をしていたいと言っています。彼女にとっての司会の仕事が、私にとっては、本を書くこと、セミナーをすることだとつくづく思います。

私も、1冊目の著書を出版するとき、本が書けることが嬉しすぎて、お金がもらえることなんて頭にありませんでした。編集担当者とお会いして説明を受けたとき、「私書きます！」と言ったら、「印税の件、まだお話していないのですが……」と言われてしまいました。

そう、お金をもらえなくても、私は本を書いていきたいし、この仕事を続けていきたいと思うのです。

お金を払ってでもやりたいこと。

以前奥井さんが、結婚式の司会はそういう仕事だと言ったとき、「私には、そんなふうに思えることとってないな〜」と思っていたけれど、今やっと、そんな仕事が見つかりました。

夢を叶える合言葉「できるできる!」

私のセミナーでは、いつもワーク(実習)の時間を取り入れています。講演のような聞くだけのセミナーも、もちろんいいのですが、私がお伝えしている内容を、その都度、自分に落とし込んでもらうことで、より理解が深まると思い、そのようなスタイルをとっています。

ワークでは、隣の席の方とテーマについての意見をシェアする時間を設けています。

ほかの人の考えを聞くことで、「そういう考えもあるんだ!」と、新しいアイデアを取り入れ、また自分の考えを人に宣言することで、テーマをさらに落とし込めると思うのです。

セミナーの参加者のみなさんには、隣の席の人のアイデアを聞いたら、必ず「できるできる!」と言ってもらうようにお願いしています。

私も「起業する!」「年収1000万円を目指す」と言っていたころ、さまざまな人から「そんなのムリだよ」「甘いよ」と、幾度となく言われました。そのたびに、「やっぱりムリなのかな?」と落ち込んでいたことを、今でも覚えています。

でも今、私のまわりは、今後のビジョンを話せば「それ、いいね! 佳実ちゃんなら絶対にできるよ!」と言ってくれる人ばかりです。そういう環境になってから、理想が現実になるスピードが格段に早くなりました。

自分のビジョンや理想を話したとき、相手に「できるできる!」と言われると、本当にできるような気がしてくるのです。脳が錯覚を起こし、「できる」モードで自分自身が動きだします。

だからこそ、私のセミナーでも、「できるできる！」という言葉をみんなで言い合ってもらっています。コツは、心から「できる」と思って相手に言ってあげること。相手の夢を「できる！」と思えない人は、自分の夢のこともそう思えていないことが多いのです。私のまわりの人たちが私の理想やビジョンを「できる！」と言ってくれるのは、その人自身が理想を実現させてきたから。

「夢は叶うもの、実現するもの」と確信しているからこその「できる」なのです。

セミナーで「できる」と言った人も、言われた人も、言葉にすることで理想に近づきます。「できる」と言ってもらえる環境、「できる」と言える環境に、自分の身を置くことが大事なのです。

私が開催しているセミナーは、１時間半の短いものですが、この隣同士の意見交換をきっかけに、連絡先を交換し、その後も仲よくしている方々がとても多いようです。なかにはビジネスでコラボをする人たちもいます。「理想を現実にしたい！」と思っている方たちは、話も合いますし、何より一緒にいて居心地がいいのだと思います。

「夢や理想は口に出したほうがいい」とよく言いますが、私は「言う相手は選んだほうがいい」とも思います。理解できる人同士でないと、「甘い」と言われて落ち込むことがあるかもしれませんので。

私はみなさんの未来に、「できる！」と言い続けられる自分でいたいと思っています。

成功への過程も「まあいいか♡」と楽しむ

私より10歳くらい年上の経営者の友人がこんなことを私に言ってくれました。

「佳実ちゃんは本当にすごいね。ずっと見てきて、一歩ずつ積み上げてきたのがすごくよくわかる。何かを飛び越えて当ててやろうというのではなくて、着実に真摯にぶれることなくやってきた、その結果が今だよね」

そう言ってもらえて、とても嬉しかったです。私は特別な才能があるわけでもカリスマ性があるわけでもないので、本当にゼロから一つずつやってきました。東京に住んでいたこともコネも人脈もなく、まったくのゼロから出発でした。
だから、うまく進まなかったこともたくさんあります。大きく掲げたビジョンも、そのころの自分には遠すぎて見えなくなり、あきらめたくなることもありました。
それでも一つひとつ、目の前のことを楽しんで、大きなビジョンの前に小さなビジョンをいくつも掲げて、ワクワクしながらやってきました。

大きなビジョンに手が届かないことを嘆くのではなく、今自分にできることを楽しみながらやる。

そして、その大きなビジョンの前の小さな扉「小ビジョン」たちを、一つずつ開けていく。そんな毎日でした。
でも、それがとても楽しかった。

「成功したら幸せ、楽しい、豊かになる」ではなく、その過程こそ、幸せで豊かなのです。

それを心から感じることができれば、ビジョンの扉は少しずつ大きくなって、一番たどり着きたかった大きな大きな扉が目の前に現れるのです。

本書の冒頭や章の初めに、この「扉」をキーワードに、理想の人生の進め方をお伝えしたいと思いました。私も、はやく理想のステージに行きたいと行き急いでいるときがたくさんあったからです。

「私のいたい場所、行きたい場所はここじゃない」って、もがいている時期。そんなときは理想のステージに連れていってくれる大きな扉なんて、影も形も見えなくて、もう一生、出てこないんじゃないかと思いました。

でも本当は、そのときの私だったらその大きな扉を見つけても、きっと重くて開けられなかった。開けられないから現れなかったのだと、今はわかります。

今なら、いくつもの扉を開けてきた私は軽やかに、その大きな扉を開けて、大好きな靴を履いて理想のステージへ大きな一歩を踏み出すことができる。

「そのとき」が来れば、必ず理想のステージに連れていってくれる大きな扉は現れるのです。

今、あなたの目の前にはどんな扉がありますか？　その扉をぜひ、恐れず軽やかに開けてみてください。そうすると、一番望んでいた大きな扉が現れたとき、いとも簡単に開けて進むことができるのです。

「好きなことを好きなだけ」で満たされる

私が心から満たされた根本的な理由には、「好きなことをしていた」ということがあると思います。私は「好きなことを、好きなときに、好きな場所で、好きなだけ♡」というコンセプトを掲げるくらい、自分の「好き」にこだわってワークライフスタイルをつくってきました。

もちろん、求められているものやニーズも考えますが、いつも「これは私が好きなことかな？」ということを基準に、仕事もライフスタイルも決めてきたのです。

私は起業した当初、個人向けにファッションアドバイスをするパーソナルスタイリストという仕事をしていました。まだこの仕事が世の中に広まる前だったこともあり、多くの方からアドバイスをいただきました。

そのアドバイスの中で多かったのが、「男性向けにはやらないの？」というもの。男性向けとして企業に営業したほうが絶対に売り上げが上がると、たくさんの方から言われたのです。そのほうが確かに、お客様は増え、利益が上がったかもしれません。

でも私がやりたかったことは、女性をキレイにして、人生を楽しい！と思ってもらうこと。男性を格好よくしたいとはまったく考えたことがなかったのです。そして、女性のファッションには興味がありましたが、男性のファッションにはそこまで興味はなく、スーツやメンズファッションの知識がありませんでした。中途半端に男性向けのサービスをすることが、かなりためらわれました。

やるとなれば、紳士服の勉強もしっかりしたい。でも「好き」ではないから、自分のエネルギーを楽しく純粋に注ぐことができない。いくら儲かったとしても、自分がやりたいことと違うことは、したくなかったのです。独立したのだからこそ、そこにこだわりたいと思いました。

その後も、「やっぱり、男性向けのサービスも追加したほうがいいのかな?」と悩むことがありましたが、そのときの自分の考えを信じ、「女性のかわいいファッション」に特化し続けてよかったと思っています。

迷ったときはぜひ、自分の「好き」と向き合ってください。

「好きなこと」を「好きな場所」で「好きなとき」に「好きなだけ」♡

私の場合は……

「好きなこと」＝文章を書くこと、発信すること。自分のワークライフスタイルにこだわること。

「好きな場所」＝自宅、自分のオフィス、スタバ、マリオットホテルのラウンジ。

「好きなとき」＝自由に選べる時間。縛られない。

これを、「好きなだけ」する!!

ぜひ、あなたの「好き」を考えてみてください。あなたのマイワークライフスタイルができ上がります。それをつくって意識しながら実践していくと、どんどん満たされていくことがわかります。

自分の好きなことをして、満たされていく。そうしていくと、びっくりするくらいの奇跡が起きるんです♡

マイナス面もあなたの立派な魅力

私は「高卒」です。普通に考えれば自慢できることではないし、言いたいことでもありません。でも、私は本の表紙に「高卒」って書いていきます（笑）。

それは、高卒で資格もキャリアもない私でも、こうやって好きなことで自由に働いて、理想の幸せと豊かさを実現しているから、「誰でもできるんです！」ということを伝えたいから。

もちろん、有名大学を卒業している人は、それをしっかりとアピールしてください。

でも、そうじゃないからって、負い目を感じることはないし、それを逆手にとって魅力に変えてしまうことだってできるのです。

私は、転職をするときや会社の人事で採用担当として働いていたとき、「なぜ大学に行かなかったんだろう」と、幾度となく後悔しました。「高卒」は、ずっと自分のマイナスの部分だと思っていたし、隠したいことでもありました。

でも、今こうやって、「別に学歴がなくたって、これといった才能がなくたって、好きなことができちゃうんだ！　人生は選べるんだ！」と、みなさんに思っていただけるのなら、本当にこの人生でよかったのだと思えるのです。


また、何度もお伝えしたとおり、私は外見にものすごくコンプレックスを持っていました。そんな私でも、「努力と研究を重ねて自分の似合うものを知り、『自分でいること』を楽しんでいます！　そんな自分に似合うものを知る方法を、お教えします！」と、パーソナルスタイリストをしていました。

もちろん、もともと美人で、モデルなどの経歴のある人は、それを生かすのが効果的だと思います。でもこれも、そうじゃないからといって卑屈になる必要はなく、コンプレックスを感じていた私だからこそ、伝えられることを伝えていけばいいと思っています。

みなさんも、自分が「マイナス」だと思っている部分や、「コンプレックス」だと思っている部分を、プラスや魅力に変換してみませんか？　しかも、それは意外に簡単なことかも！

自分のマイナスをプラスに変換する。

これはあなたの魅力が増す、とっておきの裏技です。

ワークタイム

❶あなたの「好きなことを好きなだけ♡」
を考えてみてくださいね。

❉好きなこと

❉好きなとき

❉好きな場所

❷あなたのコンプレックスやマイナスだ
と思っていることをプラスに転換して
みよう！

例
学歴がない→＋同じ境遇の人に共感してもらえる
自信がない→＋人の気持ちがわかる

第4章

楽しむ

〜もっと「私」を楽しもう、あなたも今日からラッキーガール♡〜

想像以上のステージに連れていってくれる扉が現れたとき、心から思った。

「私に生まれてよかった」

そう思ったら、世界が変わった。
ほかの人を見ると、その人より自分ができないことを
探しては落ち込んでいたのに、ほかの人を見れば見るほど
「私は私でいいんだ」と思えるようになった。
そう、心から「私」を楽しめるようになったのだ。
「私」を楽しめるようになったとき、人生は本当の意味で豊かになる。

ダメダメな自分も「大好き」になろう

私はみなさんが思ってくださっているより、ずっとダラダラした人間です。こうやって本を書くときも、パソコンにずっと向かっていると思われがちですが、たとえば1カ月で本を書くとしても、1日2時間もパソコンに向かっていません。お昼寝をしたり、テレビを見たり、買い物に行っちゃったり、友だちをランチに誘ってしまったり。かなりよそ見をしながら「本も書く」という感じです。

朝も7時くらいには起きたいと思っているのですが、9時くらいになってしまうのが常です。料理も得意じゃないので、食事はものすごく簡単なものしかつくりません。前はそんなできない自分がいやでした。素敵な人を見ると、とてもきちんとしている気がして、「私もああなりたい」と思っていました。早起きしたいし、料理も凝ったものをつくりたいし、欲を言うなら、ジムにも行ける人になりたい。

そんな憧れの人と自分はずいぶんかけ離れていて、その差を見せつけられるたびに、なんだか自分がとてつもなくダメな人間な気がしていました。

でも、自分を好きになろうと決めてからは、そういうダラダラの部分も好きになろうって思えるようになったのです。朝、起きられない自分も、料理が苦手な自分も、運動できない自分も全部全部、愛おしいのです。

みなさんも自分の嫌いな部分、ありますよね。それを直すというのも一つの手だとは思いますが、私は直そうと思っても、早起きができなかったので、それも好きになることに決めました。というか、そんな自分に合わせて、早起きしなくてもいい仕事をしているくらいです。

ほかの誰かにならなくても、人生は楽しめます。自分のままで、とことん楽しむ！

これこそが「私のスタイル」です。

大好き、だから、本気でやってみる!

私は「好きなことで起業すると、人生が楽しくなるし、上手くいきます!」と、ずいぶん前から提唱してきました。これをいうと、「好きなこと起業」=「楽チン起業」というふうに聞こえることもあるようなのですが、「楽チン起業」だと思って起業すると危険です。決して楽チンではありません。

でも好きなことだから、とことん頑張れてしまうというのはあります。私は1日中、仕事のことを考えていても飽き足りません。起きた瞬間から寝る瞬間まで、考えていられます。一番のリラックスタイムであるお風呂に入っている時間は一番アイデアが浮かぶので、思いついたことを忘れないように、お風呂を出たら急いでメモをすることもしばしばです。

好きなことを仕事にして成功するコツ。

それは、好きなことを本気でやるということです。好きなことだと、信じられないくらい本気が出ます。「今までなぜ出なかったのか?」と思えるような力が、簡単に出るのです。

もちろん大変なこともあります。やめたいと思ったことも一度や二度ではありません。でも、好きなことだから続けられる。

私は生徒さんがやりたい仕事について相談しに来られると、よくこんなことを聞きます。

「それって、億万長者の人と結婚してもやりたいことですか?」と。

私は億万長者と結婚したとしても、本を書き続けたいし、セミナーなどでみなさんに考えを発信し続けたいと思っています。それくらいやりたいことでないと、長期間、本気を出すことはなかなかできません。

たとえば大リーガーの「まーくん」こと、田中将大投手。彼はすでに億万長者ですし、経済的なことを言えば選手を引退してもなんの問題もないと思います。そうすれば苦しい練習もトレーニングもする必要はないですし、相手チームに打たれても、観客からブーイングを受けることはありません。でも彼は、野球選手を続けています。それは、彼が野球を心から好きだからだと思うのです。

自分が本当にやりたいことが仕事として思う存分できるなら、これほど楽しいことはありません。

でも、「億万長者と結婚できるなら、専業主婦になりたい！」と迷わず言える人は、もちろんそれでいいのです。だって、それが自分の素直な気持ちなら、素敵なパートナーを探したり、パートナーの収入を増やすことにエネルギーを費やしたほうが、より幸せになれるかもしれません。

自分が一番夢中になれること。それを仕事にできれば、人生はとても楽しいものになります。

人と違うところを誇りに思う

私はつい最近まで、「人よりできないこと」を探しては落ち込んでいました。誰かと比べて、安心したり落ち込んだり。これって、エネルギーのムダで、どうしようもないことです。

私は人に教えることがあまり得意ではありません。私の考えやスタイルを発信することは昔から上手くできるのですが、一人ひとりの話を聞き、育て上げることがあまり向いていないのです。

そのことに、最近までとても劣等感を持っていました。教えるのがうまい人を見て、「あの人にはできるのに、私にはできない……」と考え始めるととまらなくなるので、そんなときにはこう考えるようにしていました。

・安室ちゃんはきっと歌を教えるのは上手くないはず
・梨花ちゃんはモデルの養成はできないはず

これを呪文のように唱えていたのです。

私は「発信」と「教えること」、両方を上手にできない自分には価値がないと思っていました。でも、安室ちゃんは歌が上手で大勢の人の前で歌い、感動を与えるけど、人に歌を教えることには長けていないかもしれない。梨花ちゃんだって、カリスマ的なモデルだけど、新人モデルの教育が上手にできるかといったら、きっと違うはず。

「名プレイヤー、名監督になれず」と言いますが、適材適所で、プレイヤーとして花開く人もいれば、人を教える立場で輝く人もいる。人それぞれでいいのだと、自分に何度も言い聞かせました。

でも、その時々には納得しても、また「私やっぱりダメだ……」という気持ちが出てしまいます。「教えるのは得意ではない」ことを自分で納得し、「シェアする、伝える」という気持ちで仕事をしていこうと決めているのに、「教える」「育てる」ことにまだ執着していました。これを数年繰り返していた私。

そんなとき、ヒプノセラピスト（催眠療法士）の伊藤馨子さんからこんなことを聞きました。

「人は使命に沿っていないことをすると、すごく苦しくなるんだよ」と。私はこう答えました。

「へー、そうなんですね。私、その世界の能力者から私の使命を聞いたことがあります。私の使命は『幸せの種を蒔くこと』だと言われました。その種はいくつもどんどん育って、その中で生涯を終えられるって言われました！」

そう返事をしたとき、私はハッとしました。

私は、種を蒔くことが使命。

そうだ、だから「水をあげる」ことがこんなにも苦しいんだ。

それまで私の肩に重くのしかかっていた荷が、すっとおりました。「種を蒔く」ことにだけ集中すればいい。その種を、ピンときてくれた誰かが、育ててみようと思い、自分で水をあげたり、ほかのスペシャリストのところで水をもらったりすればいい。私が種も水も太陽も全部あげる必要はない。だって、それぞれの役目なんだからと。

それから私は、人のことが気にならなくなりました。私は「種を蒔く」ことに集中すればいいのです。今こうやって本を書かせていただいていることや、セミナーや講座で伝えること、つまり、私が蒔いた種をみなさんが受け取り、自分のペースでそれを育ててくださったら、そんなに嬉しいことはありません。

今の私にとっては、生徒さんや読者の方たちに、「私にもできそう」といっていただくことが一番の褒め言葉。昔からそう思ってきましたが、その意味がより深くわかった気がします。みんさんが一歩を踏み出せるようになる種を、たくさんお届けできたらと思うのです。

今、自分の進む道に迷っている人は、もしかしたら自分の使命を聞いてみるのも手かもしれません。

「私の人生」を楽しむことに全力集中！

自分の本当の使命に気づいてから、生きる道が明るくなったように感じています。

人の活躍をまったく気にしなくなったし、もっとがんばってほしいと思えるようになった。それは自分の人生を楽しむことに集中しているからです。

誰かのことが気になるということは、まだ自分の人生に集中していないということ。もちろん「すごいな、素敵だな」と思う人は私にもたくさんいます。でもそういう人を見て、「私はなんてダメなんだろう」と落ち込む必要はないのです。「すごい」「素敵」と思うところは、自分のエッセンスとして加えればいい。羨んだり、妬んだりする必要はまったくないのです。

「いいな」と思うということは、あなたにもその要素があるから。

いくら有名で魅力ある人でも、自分とはまったく系統の違う人のことはあまり「いいな、マネしたいな」とは感じないものです。

たとえば、パンキッシュな（パンクっぽい格好の）人を見て、すごく素敵だけど「うらやましい」と私が思うことはないというのと同じこと。「気になる」ということは、自分も同じようなところがあり、近いということだから、エッセンスを取り入れて、自分がもっと素敵になればいいのです。

「人生を楽しむ」ということについて、もう一つ。私にとって、仕事も恋愛も人生を楽しむことの一つです。

先日、こんなことがありました。パートナーと一緒に旅行に出ようと思っていたのですが、二人の休みがちょうど重なった1週間の中に、なんと私のスケジュールに1件だけ、1時間ほどの仕事が入っていたのです。そのために、旅行期間を短くするか、しばらく旅行はあきらめるかで悩んでいました。

でも数日後、その仕事が先方からキャンセルされたのです。私は「ミラクル!」と思い、すぐ彼に連絡をしました。「実は、旅行の予定をしていた日程に入っていた仕事が、先方の都合でキャンセルになったよ!」と。すると彼が「仕事がキャンセルになったなんて、よくないじゃん」と言ったのです。

もちろん、仕事がキャンセルになったことは残念です。でも、私にとって人生を充実させるために仕事をしているのだから、「彼と旅行に行ける」現実がとても幸せに感じていました。そして、仕事がキャンセルになったことを落胆するのではなく、「旅行に行ける!」と喜べる今のこの状況がとても豊かだと感じたのです。

仕事はとても大事です。私も一つひとつの仕事を愛を込めてやらせていただいています。でも、仕事に人生を侵されるのは「違う」と思います。

私が目指すのは、生きたい人生に合わせる働き方なのです。

何かに迷ったら、「人生が楽しくなるのは、どっち?」と自分に問いかけてみてください。

「楽しみたい」からって、ずっとダラダラしていたり遊んでばかりいたら、逆に不安になって心から楽しめないですよね。

だからこそ、自分に合った働き方・生き方を自分自身で選択し、人生を楽しむことに集中しましょう。

ホテルで深夜までガールズトークのススメ

私は最近、女友だちとホテルに泊まって、思う存分ガールズトークをする時間がお気に入りです。

ディナーもホテルのレストランかルームサービスで済ませ、ホテルから極力出ません。そこに泊まるのだから、少しくらい多めにお酒を飲んでも、ついつい話しすぎても、そのままベッドで横になれるし、時間を気にしなくていいのです。

時間を気にせず、気の置けない友達とラグジュアリーな空間で、楽しい時間を好きなだけ過ごす。こんなとき私は「大人になってよかった〜」って思います。「若いころはよかった」なんて言葉をよく聞くけれど、私は今が一番楽しいし、これからもそう思っていたいです。

先ほども言いましたが、大人になるほど考え方は成熟していくし、選択肢も増えていく。自分の人生を楽しむ術がどんどん増えていくと思うのです。自分よりも一世代上のお姉さんの友人も多いのですが、みなさんエネルギッシュで、とても素敵！　洋服も、私が一番地味なくらいです（笑）。

そんなみなさんを見ていると、「40代も、ますます楽しみだな〜」なんて思います。

やっぱり自分の人生の主導権は自分♡　楽しむも、楽しまないも、自分次第！


自分の過去を羨んでも、何も始まりません。だったら「今を一番楽しめる」ように工夫したらいいのです。

理想のスタイルはすぐに実践しよう！

女友だち４人組でホテルを予約し、女子会をしました。夜も更けてくると、ベッドで寝る人、ソファでお菓子を食べる人、携帯を見ている人など、自分の好きなことしながら、さらにダラダラとおしゃべりをする時間に突入。

そんな中、私はベッドの上にパソコンを広げてメールチェックをしていました。すると、友だちから「そのスタイルいい！」と絶賛され、「え!? これが？ 私の日常なんですけど……」と不思議に思う私。たしかに私も、以前はベッドの上でＭａｃのパソコンを広げて仕事をするのって、おしゃれじゃない？ と思っていたのでした。でもこれって、思っているだけじゃなくて、今すぐ実践できることですよね。「いいな」と思ったことは、すぐにやってみるべきです。

私が考える「すぐに実践できる！おしゃれワークライフスタイル一覧」がこちら。

- カフェのテラス席で本を読む
- 友だちとおしゃれな部屋着を着てパジャマパーティ
- お風呂でアロマキャンドルを炊く
- ベッドに入る前にボディクリームをていねいに塗る
- スタバでデスクワークをする
- 公園のベンチで自分の考えをノートにまとめる

この中でピンとくるものがあったら、ぜひみなさんもすぐにやってみてください。

ご自分で考えたら、このほかにもどんどん候補が出てきそうですね。

ぜひ、理想のスタイルを今すぐに実践してみてくださいね。そしてそのスタイルを切り取るように、インスタ（インスタグラム）にアップ！

自分のスタイルを視覚化することで、やる気がもっと出ます♡

「やらなきゃリスト」でなく「やりたいリスト」をつくる

「TO DO（トゥドゥ）リスト」ってありますよね。やるべきことを書き出したリストのことですが、私も仕事のスケジュールがものすごく立て込んでいるときには、お気に入りの付箋にやることを一つずつ書いてこなしていくことがあります。

でも、このリストに縛られすぎて、「あれもやらなきゃ、これもやらなきゃ！」となってしまうと、なんだか楽しくありません。

そんなときは、**「やらなきゃいけないことリスト」の中に、「やりたいことリスト」を入れておくと、モチベーションが上がります。**

そして、その中からやる気の出るものを優先的に仕事をこなしていくと、スムーズにことが進むのです。

たとえば、メールの返信や事務処理などのルーチンなど、やらなければいけないことに、「お気に入りのカフェに移動」とか、「好きな花を買ってきて飾る」とかを入れておくと、TODOリストが一気に華やぎ、自分のやる気もアップするのです。

このとき、かわいい付箋を用意しておくと、見るたびにウキウキするのでオススメ。

私は、手帳にTODOリストを書いておくことが多いので、「ワクワクする予定」を入れておき、楽しく見られるように自分で調整しています。

あなたが目にしたらワクワクするようなやり方で、リストをつくるといいですね。

それだけでも、毎日がより楽しく過ごせるものです。

よしみ流「ワクワク手帳」のヒミツ

私が司会者として働いていたころは、時間単位で行動予定を入れていました。その名残で今でも、時間軸で表したバーチカル式の手帳でスケジュール管理をしています。

見開き1週間なのですが、その中に予定が一つしかないということも多々あり、一見、バーチカルを使っている意味がないように見えます。

でも、実はそこに意味があるのです。その手帳の余白を目にすると、「私の毎日って、自由！　無限大‼」となり、妙にワクワクしてくるのです。

予定がたくさん入っていて、手帳が埋まっているほうが「充実している！　やる気が出る‼」という人も多いと思います。以前の私の手帳も、予定がぎっしりと詰まっていて、見るだけで息が切れそうでした。手帳を見るだけで、そのときの自分の状態がわかります。

手帳は、そのときの自分が「ちょうどいい」と思う仕事の量を把握するツールになります。そこは、使っている自分がどう思うかです。

私は週に3日くらい予定が入ると、「なんだか今週はせわしない」と思えてきます。そうすると、「もう、今週は予定を入れないでおこう」と、仕事の量を調節します。

手帳に書く予定は、自分で決められます。手帳をながめながら、「忙しくなっちゃった」なんて言ったりしますが、そのスケジュールは自分が入れて、手帳に書き込んだものなのです。

自分の「ちょうどいい」を把握し、人生を自分でコントロールできると、もっと充実した毎日が送れるはずだと、手帳を見ながら思う毎日です。

お金と人は「追わ」ない、「追いかけて」もらう

昨年の半ばごろから、自分のお金の流れが変わったという出来事やマインドの変化などをブログに書いたり、セミナーを開催したりして好評をいただきました。たくさんの方から「お金の流れが変わりました！」という声をいただき、とても嬉しく思っています。

誰もが「お金が欲しい」と思いますし、私もそう思っていました。そしてよく口にしていました。でも、今改めて思うことは、お金はガツガツ追うのではなく、お金にふんわりと追いかけさせることが、幸せに豊かになるコツだということです。

もちろんガツガツ追えば、ある程度のお金は手に入ります。でも、ガツガツすることに疲れて、追えなくなったら、お金が入ってこなくなるのです。

それよりもお金から愛される私になって、追いかけさせるくらいの気持ちでいることが、ずっとお金が入り続けるコツでなのではないかなと思うのです。

それには、まずは自分の豊かさとは何かを決めることが大事。私は「どれだけ稼ぐか」よりも「どれだけ幸せに楽しめるか」ということのほうが人生の中で大切だと考えます。つまりは、いくらたくさん稼げたとしても、楽しく幸せじゃなかったら、豊かではないのです。

だから、自分の豊かさとは一体なんなのかを、素直な気持ちで考えます。そして、自分の好きなことをとことんやります。好きなことをとことんやれる人生って、どんなにお金が余っている人生よりも豊かだと思いませんか？

心が豊かな毎日を送っていると、必然的にお金が追いかけてきてくれます。

「満たされる」という思考と同じです。先に「豊かだ〜」と心から思うことで、金銭的にも豊かになるのです。「お金ないない」と追いかけていると、いつまでたっても心から豊かにはなれません。あなたの豊かさとはどんなものですか？

技術やノウハウより「あなただけの魅力」を

私は女性の一人起業という形で、仕事を始めて今年で6年目です。今まで、ビジネスを確立するために、集客をするために、さまざまなことを学んできました。たくさんのことを知るうちに、「方法は五万とあるな、その中で自分にピッタリを見つけるということが大切だ」と感じています。

私はよく、「絶対に成功する方法を教えてください」と聞かれますが、そんな方法があるなら私が知りたいです（笑）。

たしかに、仕事のテクニックやノウハウはありますし、それはとても大切です。「それをすれば、ある程度のところまではいける」というのがテクニック。でも、これに執着すると、とても危険です。なぜなら、誰がそのテクニックを使っても、ある程度のところまではいくからです。同じスタートラインにまた大勢の人と並ぶことになり、あなたはきっと、「次の成功法を教えてください」と焦ることになるでしょう。

もちろん、自分ができそうなテクニックやノウハウは取り入れながら、「自分のスタイル」を確立することが大切です。

くどいようですが、それにはやはり、「自分がどうしたいか」が必要です。

私はこれまでずっと「本を出す、発信する立場になる」ことを念頭に置きながら仕事をしてきました。私のセミナーの料金は５０００円で、セミナーの中では比較的安価です。なのでまわりの人から、「佳実さんのセミナー、安すぎます。もっと値段を上げないのですか？」と何度も言われました。でも、私は価格を上げませんでした。

たしかに、個人事業のフロント商品にこれだけ安価なセミナーを置くことは、ビジネスとして効率が悪いですし、大きな利益にはつながりません。しかしそれも、自分がどうしたいかなのです。

私には、いつか本を出す立場になったとき、読者の方が気軽に会いに来てくださる価格帯のセミナーを用意しておきたいという思いがありました。

自分はどうなりたいのか、どうなるのかというイメージに沿って、今の自分がするべきこと、ビジネススタイルを決めていったのです。

何が正しくて、何が間違っているということではありません。自分の中の正解を見つけるだけ。これだけ情報が氾濫している世の中。自分の正解を決められるのは自分しかいません。その「自分の正解」を決められる力が必要なのだと思います。

それには、まずやってみる。私も起業を考え始めたころは、自分にはどんな仕事・働き方が合っているのかわかりませんでした。

そんなときは、

とりあえず試してみる。それで自分に合うか合わないかを判断すればいいのです。

合っていれば続ければいいし、合わないなら、ほかの方法を試してみればいい。そうやっていくうちに、試す前に「これは私に合うんだな、これは違うんだな」とわかるようになってきます。

始める前から「絶対に成功する方法を探してから始める！」と思っても、それは誰にもわかりません。誰かが教えてくれる成功法は、その人の成功法であって、あなたが成功するとは限らないのです。そして、あなたの目指す成功が、ほかの人と同じとは限りません。

ただ、オススメなのは、「こんなふうに成功したいな」と思える人のマネをしてみること。その人がやっていることや発信している方法、文章の組み立て方などを、自分の中に取り入れてみるのです。そうしていくうちに自分のオリジナルのビジネス方法ができ上がります。

私のビジネススタイルは、「こだわり」を積み上げてつくってきたものです。常に「自分はどうしたいのかな?」「これは自分に合っているのか?」と、自問自答するのです。もちろん最初は試してみて、「これは私には合わないな」と思えばやめる。そして、やってはやめて次のやり方を探すことを繰り返します。

そうしていくうちに、楽しく自由に働きたいというこだわりができて、私は「自分」を基準に、いろんなことを選んでいくようになりました。楽しく自由だからといって、怠けるとか何もしないとか、そういうことではありません。

自分らしく楽しく、毎日真剣にビジネスをするということです。

迷うときこそ「しなやかに」生きてみる

私はたびたび、「佳実さんはいつもぶれずにいて、すごいですね」なんて言われますが、実はいろんなことに悩みますし、「こっちの道かな、あっちの道かな?」と、悩んでばかりです。

でも、そんな私だからこそ、こうやってみなさんに発信できるのだと思います。私が完璧な人間で、「まったくぶれないし、悩みもしません!」と言えるほど素晴らしい人間だったら、みなさんにお話をするネタがないでしょう。

私は悩んだり、ぶれたりするからこそ、ここまで折れずやってこられたと思うのです。たとえば木の枝はしなることができれば、なかなか折れることはないですよね。でも、しなれない枝であれば、何かに当たったときに、すぐにポキっと折れてしまいます。

だから迷っていいのです。しなっていいのです。かたくなに「曲がらないぞ! ぶれないぞ！」と、力をガンガンに入れるのではなく、しなやかに女性らしく、力を抜いて進んでいくのです。

これこそが、私が目指す「力を抜いた生き方」です。

悩んだり、折れそうになるくらいしなってしまったときは、ビジョンに戻ります。そして自分はどうしたいのかを、再確認します。自分を見つめるのです。

そうやってまた、自分の軸を強くしていけばいいのです。

「迷ったらダメ」「マイナスなことを言ったらダメ」「ぶれちゃダメ」……そうやってどちらか一方に偏っていると、何かあったときにポキっと折れてしまいます。

ときには落ち込んだり、マイナスなことも口にしてしまったり、「こういう時期もあるからこその人間だよね」なんて、自分を笑って励ましながら、私は毎日を生きています。

もちろん、マイナスなことばかり言っていたら、そのとおりになりますので、「たまにはね」ということです。かたくなにプラスのことしか言わない場合も、考えが偏りすぎてしまって、いざというときに折れてしまうこともあるでしょうしね。

楽しいこともあれば、そうじゃないこともももちろんある。それでこそ人生。私はこの人生を味わい尽くすつもりです。

落ち込んだときには極上のおもてなしを

落ち込んだとき、悩んだとき、そんなときこそ、自分に極上のおもてなしをしてあげます。

もちろん、最初はとことん落ち込みます。人としゃべりたくなかったり、家族に当たっちゃったり。そんな時間を数時間過ごしたら、そんなときだからこそ、自分をもてなしてあげてください。ちょっと高級なケーキを自分のために買ってあげる、おいしいランチを食べに行く、ちょっと贅沢なエステを予約する。

そして、「落ち込んでもいいんだよ、そういうときもあるよね」と、励ましてあげてください。落ち込んだときって、ついつい自分を責めてしまいますよね。「なんてあんなことをしたんだろう」「なんて私はダメなんだろう」って。そして、さらに落ち込んだりして……。

だからこそ、この方法はとっても効果があります。落ち込んでも、すぐに自分を励ますモードに変えてあげる。すると、落ち込んでいた意識が「おもてなし」のほうに向き、気持ちがだんだんと楽しくなってきます。

そうしているうちに、もっとよいアイデアや新しい方向性が見えたりするのです。あるいは一転して、落ち込んだ原因自体がよいことに変わることも。

意識を落ち込みのほうに持っていくのではなく、自分で工夫して明るい方向に向けてみる。ぜひやってみてくださいね。

あふれる幸せをクローゼットに詰めて

私のクローゼットのこだわり。

それは、クローゼットを開けたときに「ウキッ♡」とするかどうかです。

自分が見ていて気持ちのいいクローゼットにすることが私の極意。この場所は、私をブランディングしてくれる場所。だから、それにふさわしいところであってほしいと思うのです。

私はウォークインクローゼットを使っているのですが、その中に棚と棒ラックの部分があります。棚には洋服だけではなく、お気に入りの香水や憧れの人の本を並べて、入るたびにモチベーションが上がるようにしています。それを見ると、「今日はどんな私で1日を楽しもうかな」なんて、ワクワクしてくるのです。

クローゼットには、「自分の好き」を集めたコラージュのようなものを入れておいてもいいかもしれません。いつも目にするので、自分が集めた「好き」が、自身のスタイルをつくるのに役立つと思います。

私は洋服を買うとき、自分がなりたい女性像を思い浮かべてそのキーワードを連想しながら選ぶと、前著でもお伝えしましたが、このクローゼットの仲間入りするにふさわしい服であるかどうか、というのもキーポイントです。私の「お気に入り」が集まった理想の女性をつくってくれるクローゼットは、私の大好きで大切な場所です。

痩せたい……唱えるほど美から遠ざかる理由

私は、太っているわけでも痩せているわけでもない体型です。ですが、20代半ばのころのベスト体重から比べると3～5キロオーバーしていたため、「痩せたい」が口癖でした。この3キロがなかなか落とせないのが世の常。30歳を超えたあたりから、本当に痩せにくくなりました。

でもあるとき、ふと気づくのです。私はいつも「お金がないとは言ってはいけませんよ～。お金がないという状態が現実になりますよ～」と、みなさんにお伝えしている。もしやそれって、「痩せたい」も一緒なのでは!?

「痩せたい」と口にすれば、その「痩せたい」と言わざるをえない現状が現実になる……恐ろしい。

それから「痩せたいなんて、もう二度と言うまい……」と心に誓いました。

「痩せたい」と言いそうになったら、即、脳内変換して、「私、痩せてる」とか「私、かわいい」といった言葉にして口から出します。だって、言ったことが現実になるのですから!!

「痩せたい」と考えただけでも現実になってしまうのですが、心の中で思うことまではなかなかコントロールできないので、言葉にだけは絶対にしないようにと心に決めました。

それを誓った約3カ月後、「最近ちょっと食べすぎてるし、自分への戒めのためにも体重計にのっておかなきゃ」と久しぶりに計ってみたら、なんと3キロも減っていたのです!

この「痩せたいって言わないダイエット法」、効きます!

そして、もう一つ。

私は、揚げ物とか、ファストフード、ジャンクフード、こってりとしたものが大好きなんです。１カ月に1回くらいはポテトチップスを一人で1袋あけたくなります。そんな食生活を送っていると、良質な体がつくれないし、「これ、体に悪いよね～」と思いながら食べているのです。

でも、そんなときの私のとっておきの呪文は、「おいしいものを少しずつ♡」です。これね、実際にそうするわけじゃなくて、心の中で唱えたり、言葉に出して言ったりするだけです。でも、これを口に出すだけで、「どうせ食べるんだったら、おいしいものを食べよう」という思考になり、ランチの場所を選ぶときも、ケーキを選ぶときも、自宅で食事をつくるときも、良質なものを選ぶようになります。

たとえば、以前はコンビニで買ってきたスナック菓子が仕事のお供だった私。でも、この呪文を唱えるようになってから、「ちょっと歩いてでも、おいしいケーキ屋さんに買いに行こう！　その方がおしゃれだし」と思えるのです。

そうすると、パティシエさんがつくったこだわりのケーキを頬ばれるし、結構な値段なので「たくさん買おう！」とは思わなくなります。まさに「おいしいものをを少しずつ♡」なのです。

暴飲暴食しそうになったら、こっそり唱えてみてください。

「おいしいものを少しずつ♡」

そんなふうに食事している自分を想像したら、ちょっと素敵って思えるでしょ？

「自分を丁寧に扱うこと」が最良の美容法

私は今年で34歳。まだまだ若輩者ではありますが、これまで生きてきた中での、自分のデータというか、自分情報のストックがあります。みなさんにもありますよね。これを食べるとニキビができるとか、お腹が痛くなるとか……自分だけの脳内カルテができ上がっているはずです。

私は先ほども書いたとおり、外見コンプレックスがすごかったのですが、20代前半までは、とくに肌荒れに悩まされました。中学時代はただれるようなニキビ、その後も高校時代から20代前半まで、ずっと肌が荒れていたのです。

ファンデーションを塗っても、肌が荒れているからすぐに崩れるし、そもそも肌にきれいにのってくれません。そのことを悩んでいたので、ありとあらゆる化粧品を試しました。

おかげで、口紅やアイシャドウなどのポイントメイクには、さほど興味はないのですが、化粧水や美容液などの基礎化粧品に関しては、完全にマニアの領域でした。

それとファンデーション。これに関しては容器から手に出してテクスチャー（質感）を見ただけで、自分の肌に合うかどうかが判断できるくらいです。それほど、自分の肌をきれいに見せてくれる一品を、真剣に探していました。

それで気づいたのが、他の人がどれだけ「いい！」と言っているものでも、自分には合わないものがあるということ。

当時、いつもチェックしていた口コミサイトで、常に上位の評価を集めていた高級ファンデーションがあって、でも高価すぎて手が出せなかったのです。でも、「ほかのファンデーションがダメでも、あれがあるから大丈夫。最後の砦として残しておこう」「最後はあの、誰でも陶器肌になれるファンデーションがあるから」と、自分は使ったことがないというのに、他人の高評価を見ながら本気で思っていました。

そんなある日、デパートの化粧品のカウンターに行ったとき、その高級ファンデーションのサンプルがもらえたのです。最初からもらいに行けばよかったのですが、高級すぎてサンプルをもらうことすら恐れ多かった私。でも、違うものを買いに行ったついでにもらうことができました。

それがものすごく嬉しくて、「ついに私も、陶器肌を手に入れることができるのね！」と、かなり意気込んでいました。そして、その勢いで使ってみると……なんと、肌荒れを起こしたんです。

あんなに長い間期待していて、最後の砦として使うことさえためらっていた高級ファンデーション。陶器肌どころか、私には肌をさらにボロボロにするアイテムだったのです。つまり、こういうことです。

大多数の人が「よい」という化粧品、食べ物、健康法でも、自分に絶対に合うとは限らない。

いくら世間の評価や人気が高くても、それが自分に当てはまるとは言えません。だから、ちゃんと自分基準で考えていくことが大事なのです。それには自分を知るということ。自分が自分をちゃんとわかってあげなければ、合う合わないも判断しにくくなるのです。

自分のことをわかってあげるということは、自分を丁寧に扱ってあげることにもつながります。そうするだけで、人は驚くほど磨かれていくのです。

愛する人には、自分のことを、わかってもらいたいですよね。わかってもらえると、愛されている気がして安心するし、なんだか心も体もイキイキしてきますよね。

それは自分に対しても同じこと。自分と常に向き合って、「これは本当に私に合っているのかな?」「ちょうどいいかな?」と、確認することが大事なのです。

また、ダイエットに関しても、自分の体質をしっかりと見極めることが大切です。世の中には「痩せの大食いさん」もいるので、その人を見て「私も大丈夫〜」なんて言って同じように食べていたら、当然のことながら太ります。

私は夜にたくさん食べると翌朝、ものすごく顔がむくみます。だから撮影やセミナーなどの前日は、夕食はサラダだけにするなど、控えめにして体調をコントロールしています。それも、これまでの34年間のデータからわかったこと。

それに、こうして自分をコントロールできるようになるのって、大人の女性にちょっと近づいている気がしませんか？

私もまだまだ修行中ですが、ぜひみなさんも、自分としっかり向き合い「ちょうどいい」を見極めて、常に美しくいられるように自分をコントロールしていきませんか。

あふれる情報から「自分の正解」を見つける

これまで「自分のデータなんて、意識してとったことがない！」という方は、ちょっとここで、今までの自分を振り返ってみるといいかもしれません。

たとえば朝ごはん、「朝ごはんは、食べないほうが調子がいい」という人もいるでしょうし、「朝だからこそ、たくさん食べてエネルギーチャージ！」という人もいるでしょう。自分には何が合っていて何が合わないのか、過去のデータをちょっと書き出してみるといいかもしれません。「あの化粧品メーカーだと、肌荒れを起こす」とか、

「朝は水洗顔だけのほうが、調子がいい」とか、いろいろと振り返ってみましょう。

朝ごはんといえば、朝ごはん健康法やダイエットについて、専門家の方がさまざまなことを言っていますよね。「朝はたくさん食べたほうがいい！」と言う人もいれば、「スムージーだけがいい」と言う人、「スムージーは体を冷やすし、血糖値が上がるからダメだ」と言う人、「空腹の時間をたくさんつくったほうがいいので、朝食断食をすすめる」と言う人。もう、何が正しいのかわかりません。

そうです。人それぞれなのです。どれも誰かにとっての正解ですし、どれも誰かにとっては不正解。どんなことにも言えますが、「こっちが絶対に正しい」ということは、この世の中には何一つありません。ただ、その人それぞれの見方があるだけ。

だからこそ、「自分の正解」を常に持っている必要があるのです。

美しくあるために、いろいろ試しながら「自分の正解」を見つけていく。

「私」が「私」として美しくあるための、一番の秘訣です。

美人像は自分で決めて自分で目指す

では、どういう美人を目指せばいいのか……と、悩む方は多いはず。もちろん私もそうでした。

そこで私は、自分が目指したい人を数人あげて、その人たちを足して人数分で割ったイメージを「自分の理想の美人像」としました。

私が憧れているのはモデルの梨花さんと、ハリウッド女優のサラ・ジェシカ・パーカー。彼女たちの写真をコラージュしたものをベッドの横の壁にペタペタと貼り、「これが私の理想」といつも目にするようにしていました。

あなたが憧れている人はどんな人ですか？　これは誰でもかまわないと思います。

今、女性にすごく人気があるのは女優の井川遥さんですよね。また、私たち世代の「かわいい」好きの人に不動の人気を誇るシンガーのＹＵＫＩさんも、よく名前があがります。まったく違う二人ですが、それぞれの魅力があって、特にファンではない私も

「素敵だな」と思います。

「美人になるテクニック」や「美人とは何か」を説いている本や雑誌はたくさんありますが、そこに書いてあることを鵜呑みにしないで、一つのエッセンスとして吸収し、自分は自分らしい美人を目指すことが大事だと私は考えます。

だって、同じような美人ばかりがいる世界って、つまらないですよね。いろんな人がいて、数限りない魅力があるからこそ、この世界はおもしろい。だから、私が輝く。まずは憧れの人を掲げて、自分の美人像を定めましょう。そして、その人たちのファッションやライフスタイル、話し方やしぐさなどを少しずつマネするのです。最初はそれで大丈夫。そうしているうちに、自分のオリジナル美人像ができ上がってくるのです。

もう何年も前に雑誌で読んだドリカムの吉田美和さんのインタビュー記事に、印象的なことが書いてありました。美和さんの歌唱力について、どんなふうに練習したのかという質問に対して、彼女の答えはこのようなものでした。

まずは好きなアーティストの曲を聴き込み、完璧にマネできるように練習する。それを繰り返すことで、自分のオリジナルの歌い方ができるようになった……。

私はこの記事を読んで、こんなに才能のある人でさえ、そういう地道な努力があったのだなと思ったのです。

このことは、歌だけじゃなく、ほかのことに対しても言えること。もちろん、美容についてもです。まず最初は、自分が「素敵だな」と思う人のことをマネしてみる。そうすることで自分のオリジナルができ上がっていく。

そうして、いつかはまわりの人から「素敵だな」と思ってもらい、自分がマネされる側に立つ。そうやって、自分だけの「美人像」ができ上がっていくのです。

ライフスタイルから美人になる!

先ほど朝食の話が出たので、朝食で美人のライフスタイルをつくる練習をしてみましょう。私オリジナルの美人練習法、それは「美人として生きる」です。これは、「自分が美人だったらどうするか？」という考え方を基準に、常にものごとを判断するのです。

「美人」というと、かなり抽象的になるので、先ほどお伝えしたように自分の理想像を具体的につくっておいたほうが、イメージしやすいかもしれません。「理想のあの女性だったら、こんなとき、どんな仕草をするかな？ どんな考え方をするかな？」と、イメージしてみるのです。

さて、ここからがトレーニングです。

あなたは素敵なライフスタイルを送っている、とっておきの美女。そんなあなたの朝食はどんなもの？

さぁ、想像してみましょう！

季節の野菜をふんだんに使ったサラダ？ おしゃれな色のスムージー？ それともお気に入りのパン屋さんで買ってきてお皿におしゃれに並べたパン？？

とびきり美人でおしゃれな朝食。

あなたなら、どんなものをつくって、どんなスタイルでその時間を過ごしますか?
想像して、そして実践してみましょう。
ぜひ明日の朝から!!

「キレイなあの人」に共通する気づき

私は1冊目の本を出す少し前に、小顔エステに行った後遺症で顔が腫れるという、自分の中ではビックリするような事件がありました。テレビや雑誌で整形で顔が腫れ上がってしまった女性が紹介されることがありますが、私もそんなふうになってしまったのです!

もう、自分の顔が自分の顔ではなくなる恐怖といったら、言葉では言い表せないくらいです。痛いし、かゆいし、肌はボロボロだし……。病院も、治してくれるところを求めて5軒くらい回って、ステロイドを飲みまくり、塗り薬をつけて……3カ月くらい過ごしました。

自分の元の顔が見られなくなって、そのとき私はつくづく思いました。どんなときも一緒にがんばってきたあの顔がとても愛おしいと。自分の顔が好きになれなくて、かわいい人や美人を見ると「あんな顔だったらよかったのになー」といつも思っていたのに。そして、思ったのです。

私が私であるためには、やっぱりあの顔でいたい。

生まれて初めて、心から自分の顔が好きだと思えたのです。恋人が去った後、その人の良さやありがたみを知るなんてことがありますが、まさにそれ。いなくなってしまったら、「やっぱり私にはあなたしかいない!」……そんな気分でした。

それから顔の腫れもなんとか回復し、人と会うと、「なんか、佳実変わったね」と言われることが多くなりました。「顔がすっきりしている!」とのことです。

「この顔が好き!」と、心から思えたからではないかと思います。

それまでの私は、自分の顔のアラばかりを探して、どうにかしてそれを隠そうとしていました。でも今は、この顔を楽しもうと思えます。

世界にはいろんな美人がいます。もし、美人の定義があるとすれば、「自分を美人だと思っているかどうか」、ただそれだけです。自分は美人だと思って生きている人は、魅力的です。

たとえば同じ顔の二人がいたとして、一人は「私は美人！」と自信満々に生きていて、もう一人は「私なんてどうせ……」とうつむきながら生きているとしたら……同じ顔だとしても、絶対に前者のほうが「美人ですね！　きれいですね！」と、人に褒められる人生を送るでしょう。

だから、ぜひ、美人として生きていきましょう。たったそれだけのことで、まわりから、驚くほど「素敵ですね！」と褒められるようになります。

美人は人を褒めるのが上手

私は以前から、ブログでも、クライアントさんにアドバイスするときでも、「美しくなりたいのなら、ぜひ人を褒めてください」と言っています。

それはなぜでしょうか？　そう、美人は人を褒めることが上手いからです。

美人は、子どものころからまわりに褒められて育ってきました。だから、人を褒めることにも抵抗がないのです。

美人になりたいのなら、「自分は美人だ」と思って生きるのと同時に、まわりの人を「素敵ね！」「かわいいね！」と褒めてみてください。

美人になるには先手必勝!!　どんどん人を褒めて、美人として生きましょう♡

ワークタイム

あこがれの女性像

そんな女性であるあなたは
どんな朝食を食べる？

TO DO リストに入れる
やりたいことリストを書いて
みてください。

自分の魅力を
書いてみましょう！

第5章

信じる

〜「今の実力」より「未来を信じる力」〜

「自分の力でなんとかしなきゃ」

「もっと自分でがんばらなきゃ」

そんなふうに思って生きてきた。

でも、仲間が増えて、応援してくれる人が増えて
みんなを信じてみようって思えたの。

そうしたら、自分の力以上のミラクルが起こった。

そう「独りよがり」ほど、もったいないことはない。

自分を信じるのに手遅れなんてない！

「私の年では、起業したいなんて、もう遅いですか？」
「こんな年から婚活しても、ムリでしょうか？」
こんな声を、みなさんからよくいただきます。

私も20代のころに、まわりの人に「起業をしたい」と言うと、結婚していたということもあって「もう遅い」と言う人もいたし、若かったので「まだ早い」と言う人もいました。

結局のところ、遅いも早いもないのです。今、あなたが「起業したい」「婚活しよう」と思ったのなら、そのときが一番いいタイミングなのです。

どんなことにも、その人それぞれのタイミングがあります。早くに結婚して子どもを産み、「それからの人生のほうが楽しい！」という声も聞きますし、40代前半まで仕事に邁進し、仕事を思う存分に楽しんでから結婚して、充実した毎日を送っている人もいます。どちらもとても素敵だと思います。だから、自分のタイミングでいいのです。

これはもう、自分の考えようで、前者が「早く結婚しすぎた」と嘆くこともあるでしょうし、後者が「もっと早く結婚しとけばよかった」と不満を言うこともあるでしょう。本当に、自分次第なんですよね。

今、あなたが「○○をしたい」と思っているとしたら、それがあなたの抜群のタイミングであることは確かです。だから焦ることもないし、逆に「もう遅いかも」と不安になる必要もありません。

「自分を信じる」に遅いなんてことは一切ないのです。

ムダな自分や経験は一つもない

一念発起するのに「もう、遅いかな」と心配される方に、もう一つアドバイスを。
これまで、あなたが経験したことがムダになるということは、何一つありません。

私も、起業するまでにいろいろなことを経験しました。もっと前に起業していれば、もっと早く理想のステージに来られたかもしれません。でも、私はこれでよかったと思っています。

なぜなら、ＯＬ時代に学んだ社会の常識が、今、とても役に立っていますし、司会者のときのしゃべりの技術は、人前で話すときに欠かせないものとなっているからです。だから、「ＯＬをしていた時間はムダだった」とか「司会者なんてやっている場合じゃなかった」などと過去を後悔することはありません。

あなたが今まで積み上げてきたこと、経験は、これから進むべき人生でも存分に生かされます。その経験をしてきたからこその未来が用意されます。だから、今のタイミングでよいのです。このタイミングが最高なのです。

恋愛に関してもそうです。私もつらい失恋を経験すると、「なんで、この人とうまくいかなかったんだろう」「何がいけなかったんだろう」と自分を責めました。「あぁ、もうこんなに年だし……離婚もしているし……」なんて、卑屈になる毎日でした。

でも、あの失恋をしなければ、今のパートナーと出会わなかったわけですし、今の彼とも、もっと若いころに出会っていたら、話も合わずパートナーになることはなかったかもしれません。今の私だからこそ、彼とパートナーとして生きていくことができます。きっと若いころの私では、彼は私にまったく魅力を感じなかったでしょう。

だから、あなたが望めば、今のあなたにぴったりの素敵なパートナーが絶対にやってきます。経験が未熟な若いころには出会えなかった素晴らしい彼が、目の前に現れます。

だから「遅い」なんて言って嘆かないでください。今のあなただからこそ、手にできる幸せをつかんでください。私もそうでしたから、強く言えるのです。

見えない力を信じたら、すごいことが起きる

まわりにいる社長さんや、仕事がうまくいっている人を見ていて気づくのは、「見えない力」を信じている方がとても多いということです。スピリチュアルというと言い過ぎかもしれませんが、家の方角や、会社の立ち上げのタイミングなどを、当たり前に気にされています。

私も昔からスピリチュアルなことは嫌いではありませんでしたが、社長さんたちがそういうことを気にしているのを知ったときは、「あんなに成功している人でも、信じたりするんだな～」なんて、不思議に思ったものです。

でも、社長さんたちが信じる理由が、すぐにわかりました。成功している人、うま

くいっている人は、その成功が、自分の力以上のものだとわかっているのです。だから、見えない力を必然的に信じている。

これから「成功したい」とがんばっている人は、まだその成功を手にしていないので、なんとか「自分の力で」と思っているでしょう。でも、成功している人は、見えない力のおかげとしかいいようのない、自分の力を上回るような素晴らしい成功体験をたくさんしているのです。だから、「ありがとうございます！」という感謝の気持ちも忘れていない。

「見えない力なんて、信じられない」という人は多いかもしれません。でも、ここは信じておくのが懸命。ラッキーガールでいたいのなら、なおさらです。

想像以上の展開でものごとが上手くいくときは、自分の力以上のものが働きます。「こんなにうまくいっちゃって、いいの？　私って、ラッキガールじゃない？」と、本気で思えてきます。

自分を信じることももちろんですが、見えない力も信じましょう。

もっと「仲間」を信じよう

みなさんに、「自分」「見えない力」のほかにもう一つ信じてもらいたいもの。それは「自分以外の人」です。

私は一人で起業しました。数年は「自分一人でやったほうがうまくいく」と本気で思っていました。コラボなども好きではなく、できるだけ断っていました。

でも、コミュニティをつくり、スタッフが増え、仲間が増えていくことで、いろいろなことが自分の想像以上にうまくいくようになったのです。そのことで、自分の考えも変わっていきました。

そう、人の力を信じると、自分の持っている力以上のエネルギーが働くため、びっくりするくらい、ものごとが上手くいくようになるのです。

私は起業3年目くらいのときに、自分のサロンのスタッフを増やし、自分がやっていたサービスをスタッフに任せることにしました。最初はそれを大阪で始めて、その1年後には自分がやっていた名古屋のサロンのサービスもそのまま新しいスタッフに譲り渡しました。

その前に私が懸念していたことは、「私のサービスがいいと言ってお客様が来てくださるのだから、新しい子に替わったら申込みが減っちゃうかも」ということでした。これは、自分自身がプレイヤーとして活躍している人なら、誰でも考えることだと思うのです。

でも、ふたを開けてみれば、そんなことはなかったのです。新しいスタイリストになっても、同じようにお客様は来ていたし、そのスタッフのファンになってくださる方もたくさんいて、リピーターのお客様も通ってくださるようになっていました。

私は、なんて自意識過剰な心配をしていたのだろうと、恥ずかしくなりました。

「私はすごい」と、自分を認めることは大事ですが、「まわりのみんなもすごいし、素晴らしい」ということに、私はちゃんと気づけていなかったのです。

私には私の、スタッフにはスタッフの、すごいところ、いいところがあって、どちらも「よい」と思ってくださる方がいる。

もっとまわりの人を信じたらいいし、もっと力を借りたらいい。

「人に譲って、もしその人の人気が出てしまったら、自分の仕事がなくなる……」と、考える人もいるかもしれませんが、心配しなくても大丈夫。時間の余裕ができるのでまた新しいことを始められるし、自分とスタッフ、どちらも人気者になれば、相乗効果で売り上げも何倍にもなります。

目先のことばかりを考えていてはいけません。もっと先を見据えて、仲間とどんな未来をつくっていけるのか考えてみてください。

一人でつくる未来より、もっと大きな可能性を秘めているはず。

1日の終わり、みんなにとっておきのありがとうを♡

✚自分の力でなんとかしようとすること。
✚自分一人でがんばろうとすること。

これって、ミラクルの法則に反しています。だって、一人で意固地になってがんばっても、がんばった分の結果しか手に入らないでしょ。

それよりも、安心して、満たされて、信じれば、自分の想像以上、思っていた以上の未来が実現するのです。

そのほうが簡単に、もっとあなたらしく幸せになれるし、豊かになれる。髪を振り乱して、意地になってがんばっているなんて、きっとあなたらしくないですよね。そう、ふんわりかわいく、女性らしく。

自分を、みんなを、見えない力を信じれば、もっと簡単にうまくいく。

1日の終わり、みんなにとってのおきのありがとうを♡

「今日も楽しかった、明日はどんな1日になるだろう?」

そんな小さなワクワクの中で、私は眠りにつきます。ベッドに入って目を閉じたとき、

「みんな、ありがとう。みんなを信じてる」

そんな感謝の気持ちで満たされるようにしています。潜在意識に一番つながりやすい眠りにつく瞬間に、つらかったことやイヤなことを考えていては、未来は明るくなりません。そんなときこそ、**「心から安心し、満たされ、信じる」**。それがミラクルを起こす、とっておきの法則です。

まとめ

ミラクルを起こす方法

私はこう生きる！と決める

▼

「なにも心配ない」と自分の人生に安心する

▼

「もう望むことは何もない」と満たされる

▼

自分の力、そして自分以外の力を信じる

あとがき

この本を手に取っていただき本当にありがとうございました。こうして2冊目の本をみなさんにお届けすることができ、とても幸せです。私にとって、これはとても大きなミラクルで、本当に私は「ラッキーガール」だなと思います。

「理想のステージに行きたい！」と悩んでいたあの頃にイメージしていた未来よりも、すごいことが今現実に起こっています。でも、今回この本で紹介したミラクルを起こす方法を使えば、誰でも想像以上、理想以上の未来が現実になります。

「自分の人生は自分で決められる」。これを、確信するともっともっと人生は楽しくなります。ぜひ、あなたの人生をあなた自身が思いっきり楽しんでください。

たくさんのミラクルを起こし、新しいステージの扉を次々とひらきながら♡

宮本　佳実

宮本　佳実　*Yoshimi Miyamoto*

ワークライフスタイリスト
女性のためのスタイリングサロン　ビューティリア代表

1981年生まれ、愛知県出身。

高校卒業後、アパレル販売員、一般企業で人事・受付を経験し、25歳で司会者の道へ。その後28歳で起業を決心する。

パーソナルスタイリストとして名古屋駅近くに「女性のためのスタイリングサロン　ビューティリア」をオープン。ブログのみのブランディング集客で全国から来客のある人気サロンに育てあげる。

その経験から、多くの人に「好きなこと起業」の楽しさを伝えたいとコンサルティング活動を開始。現在はサロンをチーム化し、自身はワークライフスタイリストとして「可愛いままで起業できる！」をコンセプトに活動。女性らしく自分らしく、幸せと豊かさを手に入れられる方法を、自身のマインドやライフスタイルを通して発信している。名古屋を拠点に全国各地で「起業」や「お金」のセミナーや講座を開催。

初の単行本である『可愛いままで年収1000万円』（小社刊）がベストセラーとなり、ますます著者のワークライフスタイルに注目が集まっている。

宮本 佳実ブログ「可愛いままで起業できる！」
http://ameblo.jp/beauteria/

成功への扉が次々ひらく♡ミラクルレッスン

2015年11月19日　第1版第1刷発行

著　者　宮本佳実
発行者　玉越直人
発行所　WAVE出版
〒102-0074　東京都千代田区九段南4-7-15
TEL　03-3261-3713　FAX　03-3261-3823
振替　00100-7-366376
E-mail: info@wave-publishers.co.jp
http://www.wave-publishers.co.jp

印刷・製本　萩原印刷

NDC159 231p 19cm
ISBN978-4-87290-769-8